ＪＲ大阪環状線沿線の不思議と謎

小林克己・監修
Katsumi Kobayashi

JIPPI Compact

実業之日本社

はじめに

私はＪＲ全線をほぼ走破しているが、ＪＲ大阪環状線は高二のときの初めての一人旅（阪神、名古屋）で最初に全線走破した線区である。

大阪市内の名所はじつに多い。梅田スカイビル空中庭園展望台、ＨＥＰ ＦＩＶＥ観覧車（大阪駅）、造幣局桜の通り抜け（桜ノ宮駅）、大阪城、水上バスのアクアライナー（大阪城公園駅）、アベノハルカス、四天王寺（天王寺駅）、通天閣・新世界（新今宮駅）など、大阪環状線の駅から歩ける所ばかり。だからＪＲの各種パス利用の旅が多い私は、大阪に行くと大阪環状線を中心に移動している。

本書ではまず、冒頭に大阪環状線の全駅データを用意した。内回り方向順に駅の開業日、所在地、乗り換え案内、乗車人員、発車メロディ、シンボルフラワー、概要、駅名の由来を紹介している。

本編の一～五章では、大阪環状線の不思議ストーリーを紹介する。

まずは大阪駅一番線ホームの複雑さが旅行者を悩ませる。同じ環状線とはいっても、大阪の内回り線は東京の山手線のように一筋縄ではいかないのが、大阪環状線の複雑怪奇なところ。大阪駅から大阪城公園へ行くのに外回りでも内回りでもそのうち着くからいいだろうとはならない。大阪駅一番線ホームの内回り電車の半分は、一周回ることなく半周、なかには四分の一周で環状線を外れる。そしてＵＳＪはまだしも、関空や和歌山、奈良などとんでもなく遠い所へ行ってしまうので要注意である。

また、大阪環状線は一周する路線が開通したのに、環状運転できずに「の」の字運転せざるを得なかった理由や、東京では山手線内を走る私鉄はほとんどないのに、大阪では私鉄が多方向から大阪環状線内まで乗り入れているのはなぜか、といった大阪の独自性が垣間見える話題も扱っている。

ほかにもコンコースも地下もまるで迷路のような大阪駅や、寺田町駅で昔の手書き文字の駅名標が見つかった謎、吉野の桜、高雄の紅葉と並んで有名だった野田藤が、空襲でほぼ全滅したのに蘇った秘話など、大阪環状線沿線にまつわる不思議と謎が満載で興味が尽きない。

沿線にお住まいの方もそうでない方も、本書をお読みいただければきっと、ぐるっと一周途中下車の旅をしてみたくなるだろう。

二〇一八年一〇月

小林克己

新大阪
高槻
京都線
桜ノ宮
京橋
地下鉄　京阪電車
天満
地下鉄
学研都市線
（片町線）
大阪天満宮
大阪城北詰
大阪城公園
放出
四条畷
森ノ宮
地下鉄
玉造
地下鉄
大阪環状線
鶴橋
地下鉄
近鉄電車
桃谷
寺田町
おおさか東線
久宝寺
大和路線（関西本線）
阪和線

大阪環状線周辺路線図（JR）

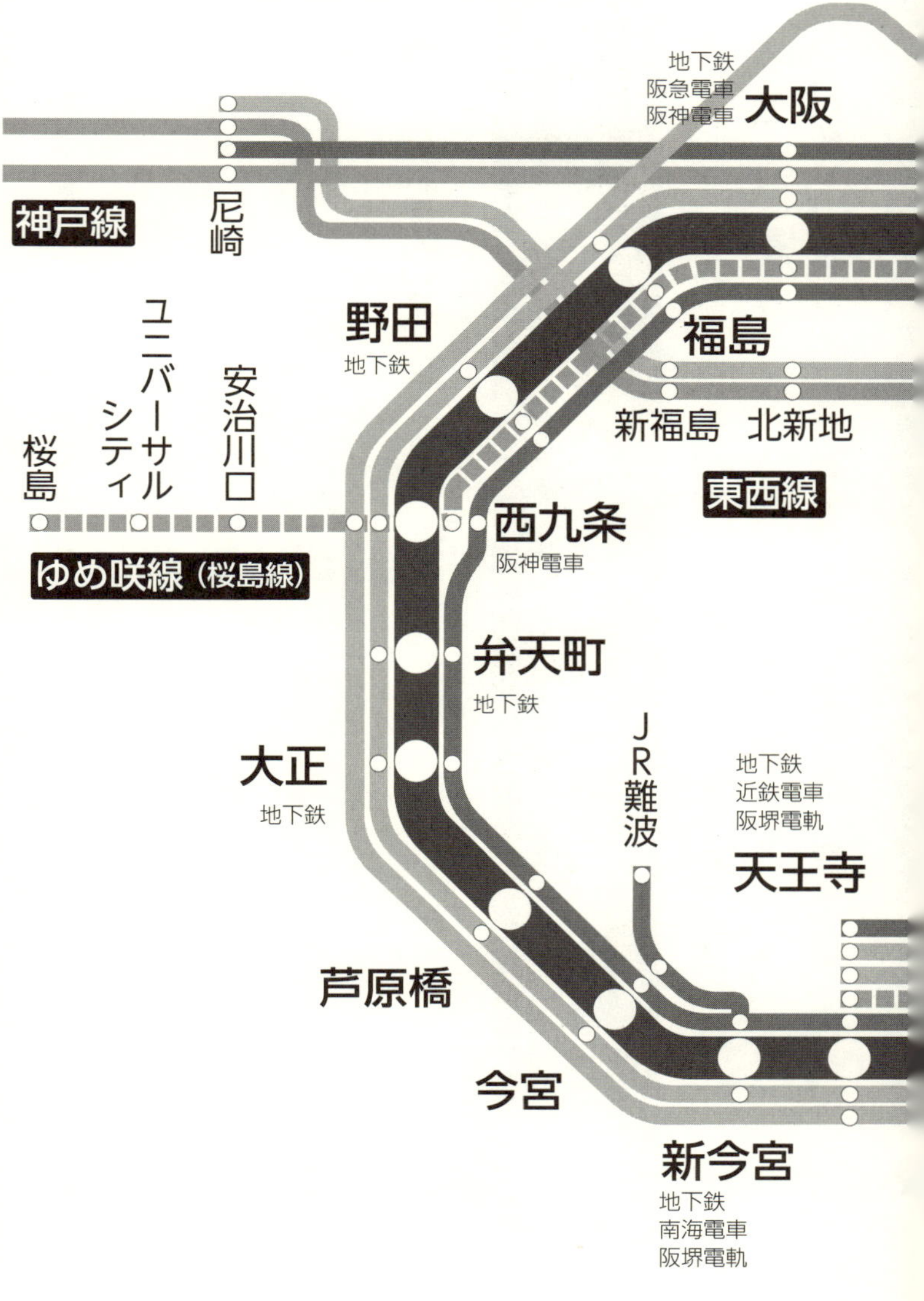

JR大阪環状線沿線の不思議と謎《目次》

00

第一章 大阪都心部をぐるっと一周！ 環状線の素顔に迫る

01

02

第二章 途中下車してみたくなる！ 環状線・駅のおもしろエピソード

第三章 意外な見どころ大発見！ 沿線㊙スポット探索

第四章 沿線文化を深く掘り下げる！ 環状線沿線・街の履歴書

04

第五章　知れば知るほど面白い！駅名・地名のミステリー

05

◎凡例

各項目見出し下には、最寄り駅の駅名が示されています。また特定の駅を取り上げない項目では「大阪環状線」としています。

また、関西本線、片町線、桜島線については、歴史的呼称以外は、通称である大和路線、学研都市線、ゆめ咲線の語を用いています。

カバーデザイン・イラスト／杉本欣右
本文レイアウト／Ｌｕｓｈ！
本文図版／イクサデザイン
本文写真（本文ページに記載したものを除く）／東京特許許可局（P19）、Ogiyoshisan（P21）、DVMG（P25）、Kansai explorer（P27）、BJP039（P29、157）、Oilstreet（P37）、W0746203-1（P41）、Memorin（P91）、TRJN（P103、158）、Thirteen-fri（P105）、Tokumeigakarinoaoshima（P107）、Ignis（P127）

特集

大阪環状線全一九駅完全案内

♪ 発車メロディ

「やっぱ好きやねん」やしきたかじん

大阪という都市を代表する名曲。大阪を愛し、大阪に愛されたやしきたかじんの代表曲。

シンボルフラワー

バラ

花言葉「情熱」。北区の花。赤いバラと白いバラを束ねたものが「結合」を表すことから、1989（平成元）年に旧北区と大淀区の合併により誕生したことを象徴するとして、区の花に選定。シンボルフラワー制定に際しては、たくさんの人が集まり、新しい可能性が生まれる大阪・梅田駅の活気を花言葉の“情熱”にたとえた。

概　要

大阪環状線の起点駅。JRのほかに阪急、阪神、地下鉄など多くの路線が集まる輸送拠点となっている。乗り場は島式ホームが6つ並び、大阪環状線が発着するのは南端の1・2番ホーム。ほかにも大阪環状線を経由して紀州路快速や大和路快速、関空快速などが発着する。

駅名の由来

都市名である「大阪」から。もともとは「大坂」という表記が一般的だった。その由来については、上町台地《うえまちだいち》の北端を大江と呼び、そこにある坂を「大江の坂」といった説、またはその坂が「尾坂」「小坂」と呼び、それが大坂になったという説などがある。

JR

大阪

おおさか　Ōsaka

阪

開業日　1874（明治7）年5月11日

所在地　大阪市北区梅田3-1-1

乗り換え　JR神戸線、JR京都線、阪急神戸線、阪急宝塚線、阪急京都線、阪神本線、Osaka Metro御堂筋線、Osaka Metro谷町線（東梅田駅）、Osaka Metro四つ橋線（西梅田駅）

乗車人員（2017年度1日平均）　43万6187人

♪ 発車メロディ

「夢想花」円広志

歌詞にある「回って、回って……」というフレーズから。大阪中心部を周回する大阪環状線にちなんでいる。

シンボルフラワー

カキツバタ

花言葉「幸福は必ず来る」。ご利益を求める人が多く訪れる浦江聖《うらえしょう》天了徳院《てんりょうとくいん》があることから、幸福を求めることにちなんで選定。

概　要

島式ホームを1本備えている。もとは西成《にしなり》鉄道の駅として開業した地上駅だったが、国有化されて1961（昭和36）年に大阪環状線の駅となったあと、1964（昭和39）年には高架化される。駅の北側、地上部分には吹田《すいた》～新大阪～福島を通る梅田貨物線が走っており、多くの特急列車が走り抜ける。駅前はこじんまりした洋風レストランや居酒屋がひしめくグルメスポット。

駅名の由来

もとは河川の合流地点の西側に形成された島であった。伝説によると、菅原道真が大宰府に左遷される折にこの地に立ち寄った際、この島の名前が餓鬼《がき》島であることを聞き、よい名ではないことから福島に改めたという。『平家物語』には1185（元暦2）年2月16日にここから源義経が讃岐《さぬき》国屋島《やしま》へ平家追討に向かった際、「渡辺福島をいでて」と書かれている。

JR

福島

阪

ふくしま　Fukushima

開業日	1898（明治31）年4月5日
所在地	大阪市福島区福島7-1-3
乗り換え	阪神本線、JR東西線（新福島駅）
乗車人員	2万8796人

（2017年度1日平均）

発車メロディ

「一週間」ロシア民謡

冒頭の歌詞の「日曜日に市場へ出かけ」から。駅の東側にある大阪中央卸売市場にちなんでいる。ただし大阪中央卸売市場は、日曜日は休み。

シンボルフラワー

野田藤

花言葉「歓迎」。福島区の花。足利氏や豊臣氏から愛でられた花で、現在では近隣の公園や学校で残った古木の種子をもとに栽培が行なわれている。詳細は150ページ参照。

概 要

1本の島式ホーム構造の高架駅。地下鉄千日前線が直交しており、玉川駅へ乗り換えることができる。駅の南側には、野菜、果物、水産物、乾物、漬物などを扱う大阪市中央卸売市場があり、そのアクセス駅である。2階建てのスペースがある高架下の空間には、商店や飲食店、倉庫などが入る。

駅名の由来

足利義詮《あしかがよしあきら》が著した『住吉詣』の1364（貞治3）年の項のなかに「それより南にあたりて野田の玉河《たまがわ》と云所《いうところ》あり」と見え、南北朝期には地名が存在したことがわかる。しかし、肝心の「野田」の由来は不明。戦国期には野田城があり、近世では西成郡野田村として記録されている。

JR 野田 阪

のだ Noda

開業日 1898（明治31）年4月5日

所在地 大阪市福島区吉野3-1-12

乗り換え Osaka Metro千日前線（玉川駅）

乗車人員 1万2050人

（2016年度1日平均）

発車メロディ

「アメリカン・パトロール」アメリカ民謡

1885年にフランク・W・ミーチャムが作成した行進曲。USJへの乗り換え駅であるため、アメリカを想起させる曲を選定している。

シンボルフラワー

チューリップ

此花区《このはな》の花。花言葉「思いやり」。デルタ地帯に発展した立地が、オランダに似ていることから区の花に採用。シンボルフラワー制定にあたっては、ときの為政者が水害から民衆を守るためにつくったことから、その“思いやり”にちなんでいる。

概 要

USJへ続くJRゆめ咲線との乗り換え駅になっており、ホームには連日、乗降客であふれかえる。2本の島式ホームで1本の線路を挟んだ2面3線構造の駅となっており、一部の阪和・紀勢線直通の特急列車も停車する。USJへ向かうド派手なラッピング列車もこの駅の見どころの1つ。

駅名の由来

江戸幕府の儒官・林羅山《はやしらざん》が「衢壌島《くじょう》」と命名。「衢」は「ちまた、賑やか」を意味し、「壌」は「土地」に通じ、賑やかな場所になるように願ってつけられた。のち1674（延宝2）年の洪水のとき九条家の木笏《もくしゃく》が漂着したことから「九条」に改称。その10年後に河村瑞賢《かわむらずいけん》による安治川《あじがわ》開削によって、九条島が東西に分割され、その西側部分にあたったことから西九条村となった。

JR 西九条 阪

にしくじょう Nishikujō

開業日	1898（明治31）年10月1日
所在地	大阪市此花区西九条1-32-18
乗り換え	JR桜島線（ゆめ咲線）、阪神なんば線
乗車人員	3万1037人

（2017年度1日平均）

♪ 発車メロディ

「線路は続くよどこまでも」アメリカ民謡

駅に隣接して交通科学博物館があったことにちなむ。東の交通博物館に並ぶ、西の鉄道ファンの聖地であった。

シンボルフラワー

向日葵

花言葉「愛慕」。港区の花。いつも太陽に向かって咲く姿が、常に前向きに進む港区にふさわしいという理由で1988（昭和63）年に区の花に制定。シンボルフワラー制定に際しては、かつては客船のターミナル港として賑わったことから、懐かしい景色に対する“愛慕の情”とかけている。

概 要

2面2線の相対式ホーム構造の駅。もとは大阪~桜島（現・ユニバーサル・パーク）間と、今宮~大阪港間を結ぶ貨物支線の駅だった。1962（昭和37）年からは交通科学館（のちの交通科学博物館）がオープンし、子どもたちや鉄道ファンに大人気の駅だった（2014年に京都鉄道博物館へ移転）。現在は再開発が計画中。詳細は153ページ参照。

駅名の由来

「市岡《いちおか》」という地名だが、他路線にあった市岡駅との重複を避けて市岡新田の会所に祀られていた弁財天から、弁天町の名前が冠された（174ページ参照）。

JR 弁天町 阪

べんてんちょう　Bentenchō

開業日	1961（昭和36）年4月25日
所在地	大阪市港区波除3-11-6
乗り換え	Osaka Metro中央線
乗車人員	3万3097人

（2017年度1日平均）

♪ 発車メロディ

「てぃんさぐぬ花」沖縄県民謡

大正区には沖縄県からの移住者が多いことから。駅周辺には沖縄料理屋が並び、大阪のリトル沖縄の様相を呈している。

シンボルフラワー

山つつじ

花言葉「燃える思い」。大正区の花。1987（昭和62）年に区の花を公募したところ、つつじが大正区の昭和山一帯に咲くことから大正区の花となった。「燃える思い」を沖縄文化の継承に努める街の人と重ねている。

概　要

2面2線の相対式ホームの駅。弁天町寄りのところに地下鉄長堀鶴見緑地線の大正駅がある。駅は尻無川《しりなしがわ》・岩崎運河と木津川《きづがわ》に挟まれた立地であり、それらを渡るための橋梁がホームの両端から見える（125ページ参照）。京セラドームのアクセス駅の１つとなっており、イベントや野球試合の日は利用客が増える。

駅名の由来

駅が立地する大正区に由来。区名制定にあたり、当初は「新港区」が検討されていたが、区民の意見を募集したところ「三軒家《さんげんや》区」と、1915（大正4）年に竣工した大正橋（156ページ参照）にちなんだ「大正橋区」の二択となる。結果、「大正橋区」が採用されたが、長くて語呂が悪いとして、大正区に決定した。

大正

阪

たいしょう　Taishō

開業日	1961（昭和36）年4月25日
所在地	大阪市大正区三軒家東1-8-18
乗り換え	Osaka Metro長堀鶴見緑地線
乗車人員	2万4292人

（2017年度1日平均）

発車メロディ

「祭」芦原橋太鼓集団「怒」

芦原橋駅周辺が、老舗太鼓メーカーが多く並ぶ和太鼓の街であることから選定。大坂城に入った徳川家に対し、陣太鼓を献上して以来の歴史がある。

シンボルフラワー

なでしこ

花言葉「快活」。浪速区の花。1988（昭和63）年に公募した際、古くから親しまれ、なにわ情緒豊かな浪速区に相応しいとして制定。シンボルフラワー制定に際しては、力強く活力あふれる太鼓の響きと花言葉“快活”をかけている。

概　要

2面2線の相対式ホームの駅。ホーム部分が高架から張り出した独特の形をしている。またスペースの制約からエスカレーターがなく、バリアフリー対応はすべてエレベーターで行なっている。上り・下りともに日中は1時間あたり4本しか列車が停まらない。

駅名の由来

一帯は低湿地に位置し、アシが茂っていたことから芦原と呼ばれていた。駅から西へかけて、かつては鼬川《いたちがわ》が流れており、そこに芦原橋が架かっていた（176ページ参照）。現在、川は埋め立てられ、南海汐見橋《しおみばし》線の鉄橋としてのみ残る。

JR 芦原橋 阪

あしはらばし　Ashiharabashi

開業日	1966（昭和41）年4月1日
所在地	大阪市浪速区浪速東1-3-22
乗り換え	南海汐見橋線（芦原町駅）
乗車人員	5514人

（2016年度1日平均）

発車メロディ

「大黒様」文部省唱歌

駅の所在地である大国《だいこく》という地名や、駅から北東方向にある敷津《しきつ》松之宮《まつのみや》・大国主《おおくにぬし》神社にちなむ。神社では、七福神の一柱・大黒天と習合した大国主大神が祀られている。

シンボルフラワー

菩提樹

花言葉「結ばれる愛」。大国主大神は、人々の縁組みを取り仕切る縁結びの神様として親しまれていることから、花言葉とかけて選定。

概　要

3層になっており、3階部分に大阪環状線外回り、2階部分に内回りと大和路線の上下線が発着する構造。もとは大和路線の列車しか停まらない駅だったが、1997（平成9）年に改良工事が行なわれ、大阪環状線の停車駅になった。コンコースには、かつて架けられていた陸橋の柱が記念として展示されている。

駅名の由来

駅開業時は、西成郡今宮村に所属していたため。今宮の名前は、今宮戎《いまみやえびす》神社に由来する。ただ、今宮駅は今宮戎神社から遠く、新今宮駅や南海本線の今宮戎駅のほうが最寄りである。

社名の由来は諸説あり、今宮戎神社が西宮神社からの分霊で、西宮に対する“今の宮”という説や、京都市北区紫野にある今宮神社と関係があるとする説がある。

JR

今宮

阪

いまみや　Imamiya

開業日　1899（明治32）年3月1日

所在地　大阪市浪速区大国3-13-13

乗り換え　JR関西本線（大和路線）

乗車人員　4520人

（2016年度1日平均）

♪ 発車メロディ

「交響曲第9番　新世界より」ドヴォルザーク

駅の北側には、通天閣《つうてんかく》がそびえる「新世界」が広がっていることから命名。新世界のネーミングは、パリとニューヨークを足して2で割ったような新しい観光地を目指したから（178ページ参照）。

シンボルフラワー

ハギ

花言葉「思い、柔軟な精神」。西成区の花。新今宮駅の南にある「萩之茶屋《はぎのちゃや》」という地名にちなみ、かつ小さな枝や花が集まる姿が、団結や協力を象徴していることから1987（昭和62）年に区の花に制定。シンボルフラワー制定に際しては、老若男女の“思い”を受け止める今宮戎神社を花言葉とかけている。

概　要

島式ホームが2つ並んだ2面4線の駅。大阪環状線と関西線の列車が、方向別で各ホームに発着する。ホームの両端でそれぞれ乗り換えられるようになっており、西寄りには南海本線の駅、東寄りには阪堺線と地下鉄の駅がある。駅周辺は、新世界の繁華街やバックパッカーが集まる街になっている。

駅名の由来

今宮駅に対する新駅であることが由来。ただし、今宮戎神社へ行くには、今宮駅よりも当駅のほうが近い。

JR **新今宮** 阪

しんいまみや Shin-Imamiya

開業日	1964（昭和39）年3月22日
所在地	大阪市浪速区恵美須西3-17-1
乗り換え	JR関西本線（大和路線）、南海本線、南海高野線、Osaka Metro御堂筋線（動物園前駅）、Osaka Metro堺筋線（動物園前駅）、阪堺線（新今宮駅前駅）
乗車人員	6万5567人

（2017年度1日平均）

♪ 発車メロディ

「あの鐘を鳴らすのはあなた」和田アキ子

除夜の鐘などで有名な四天王寺《してんのうじ》の鐘にちなむ。和田アキ子も天王寺区出身。

シンボルフラワー

ペチュニア

花言葉「心の安らぎ」。阿倍野区の花。花数が多く色彩豊かなうえ、開花期間が長く育てやすく、市街地景観にマッチするということから区の花に選ばれた。シンボルフラワー制定に際しては、四天王寺がある古い寺町が“心安らぐ”景観であることから。

概　要

大阪環状線が発着する2面3線の島式ホームと、その北側に阪和・関西空港線および紀勢線直通特急の5面5線ホームが、南側に大和路線の島式の2面4線ホームが隣接。関空快速や「はるか」、紀勢線に直通する「くろしお」などは大和路線のホームに発着することもある。駅周辺は天王寺区、阿倍野区の境界で、駅を出ると南側を東西に走るあびこ筋を挟んで近鉄の大阪阿部野橋駅がある。

駅名の由来

駅の北側にある四天王寺に由来。平安時代に四天王寺の「四」が取れた「天王寺」という通称名が広がりはじめ、南北朝期に正式な地名となって現在に至る。

四天王寺は、聖徳太子が物部《もののべ》氏との戦いにおいて、四天王（仏法を守護する持国天・増長天・広目天・多聞天）に祈願して勝利したことから建立した。

JR 天王寺 阪

てんのうじ　Tennōji

開業日　1889（明治22）年5月14日

所在地　大阪市天王寺区悲田院町10-45

乗り換え　JR関西本線（大和路線）、JR阪和線、Osaka Metro御堂筋線、Osaka Metro谷町線、近鉄南大阪線（大阪阿部野橋駅）、阪堺上町線（天王寺駅前駅）

乗車人員　14万8254人

（2017年度1日平均）

♪ 発車メロディ

「Life　Goes　On」韻シストBAND

大阪を拠点に活動するヒップホップグループの曲。JR西日本の大阪環状線改造プロジェクトのために“新しい環状線、次の大阪へ走りだす”というコンセプトをイメージして作曲。寺田町駅の曲になったのは、天王寺駅を発車した外回り列車が最後に到着する駅であることから。

シンボルフラワー

カモミール

花言葉「あなたを癒す」。寺田町が昔ながらの銭湯が残っている街であることから、花言葉の“癒す”とかけた。駅の東側には、銭湯のなかでは日本初の国の登録有形文化財に指定された源《げん》ヶ《が》橋《はし》温泉がある。

概　要

2面2線の相対式ホームの駅。北口と南口の2か所の改札口がある。駅周辺は上町台地の一角で文教・住宅地区となっている。窓口や事務室などがあるのは北口だが、南口は大阪教育大学の天王寺キャンパスが面してあるため、学生などの利用が多い。

駅名の由来

四天王寺に隣接しており、四天王寺の寺社領の田圃があったことから「寺田（じでん）」と呼ばれていたことが由来。江戸時代にはこの地でご当地野菜の天王寺かぶらなどが栽培されていた。1900（明治33）年から1925（大正14）年にかけて天王寺寺田町という町名であった。

寺田町

阪

てらだちょう　Teradachō

開業日　1932（昭和7）年7月16日

所在地　大阪市天王寺区大道4-11-21

乗り換え　なし

乗車人員　1万6731人

（2016年度1日平均）

♪ 発車メロディ

「酒と泪と男と女」河島英五

桃谷駅付近で生まれ育ち、近くでライブハウスを経営していた河島英五にちなんでいる。河島のライブハウス・ビーハウスは現在、居酒屋になっている。

シンボルフラワー

桃の花

花言葉「チャーミング」。天王寺区の花。区内には、大きな桃畑があり、桃谷をはじめ桃山《ももやま》、桃陽《とうよう》、桃丘《ももがおか》などの地名の由来になったことから区の花に制定。シンボルフラワー制定に際しては、愛想と笑顔であふれた"チャーミング"な商店街があることとつなげた。

概　要

2面2線の相対式ホームの駅。ホームに2か所ずつ階段があり、そこから下がった中2階に北口改札がある。1階にはメインの南口改札がある。駅北側の高架下は近年リニューアルされ、商業施設「ビエラ桃谷」がオープン。コンビニやショップ、カフェなど11店舗が入るおしゃれ空間になっている。駅から四天王寺にかけての一帯は、寺社が点在する大阪の歴史のふるさと。

駅名の由来

桃畑が広がっていたことから「桃山駅」として開業し、1905（明治38）年に「桃谷駅」へ改称。詳細は173ページ参照。

JR

桃谷

阪

ももだに　Momodani

開業日　1895（明治28）年5月28日

所在地　大阪市天王寺区堂ケ芝1-8-27

乗り換え　なし

乗車人員　1万7696人

（2016年度1日平均）

♪ 発車メロディ

「ヨーデル食べ放題」桂雀三郎 with まんぷくブラザーズ

焼肉屋をイメージしている。駅前には戦後の闇市から発展したコリアタウンが広がっており、高架下や路地には焼肉店がひしめきあっている。駅ホームにも焼肉屋の香りが漂うほど。

シンボルフラワー

アジサイ

花言葉「家族団らん」。生野《いくの》区の花。一帯には商店街やコリアタウンがあり、家族みんなが笑顔になれる場所であることから。

概　要

2面2線の相対式ホームの駅。近鉄や地下鉄との乗換客をさばくため、ホーム幅は広くなっている。3層構造になっており、2階が近鉄の高架で3階に大阪環状線が乗り入れる。近鉄への直通改札口のほか、高架下に中央口や西口があり、さらにブックオフの店舗へ直接抜ける改札口もある（106ページ参照）。

駅名の由来

平野川筋に架けられていた橋の名前が由来。現在は平野川の改修工事によって旧河道が埋められて橋はなくなったが、桃谷三丁目に“つるのはし跡”がある。江戸時代の地誌である『摂陽群談』によると、この鶴橋は、鶴が多く集まったことから名づけられた名前。また鶴橋は、『日本書紀』に記載されている日本最古の橋「猪甘津橋《いかいのつのはし》」とされている。

JR

鶴橋

阪

つるはし　Tsuruhashi

開業日	1932（昭和7）年9月21日
所在地	大阪市天王寺区下味原町1-1
乗り換え	近鉄奈良線、近鉄大阪線、Osaka Metro千日前線
乗車人員	9万9474人

（2017年度1日平均）

発車メロディ

「メリーさんのひつじ」アメリカ民謡

駅に併設されている「ビエラ玉造」の2階にある保育園の窓枠の高さが、「メリーさんのひつじ」の音階になっていることから。

シンボルフラワー

稲穂

花ことば「神聖」。駅の北東側に、農業の神様である稲荷神を祀る玉造稲荷神社があるため。大坂城主だった豊臣秀吉の崇敬を受けた歴史ある神社である。

概　要

2面2線の相対式ホームの駅。JR西日本の大阪環状線改造プロジェクトに際し、大規模にリニューアルされている。かつて大阪環状線を走っていた103系車両をモチーフにデザインされた「ビエラ玉造」には、フィットネスジムや飲食店、保育園などが入っているほか、今後は北口に勾玉《まがたま》型のひさしがつけられ、構内店舗、コンコースは全面リニューアルされる予定。

駅名の由来

『摂津名所図会』では、四天王寺建立の際、伽藍《がらん》の瓦をこの場所でつくりはじめたことにちなむといわれるが、古墳時代に「玉作部《たまつくりべ》」が置かれたことによるという説が有力。玉作部とは、ヒスイなどの石から勾玉、管玉《くだたま》、平玉《ひらだま》などの玉類をつくり、大和朝廷へ奉納していた品部《しなべ》のことである。全国にあったが、この場所にも居住していたとされる。

JR

玉造

阪

たまつくり　Tamatsukuri

開業日　1895（明治28）年5月28日

所在地　大阪市天王寺区玉造元町1-40

乗り換え　Osaka Metro長堀鶴見緑地線

乗車人員　1万6588人

（2016年度1日平均）

発車メロディ

「森のくまさん」アメリカ民謡

駅名の「森」にちなむ。森ノ宮駅をリニューアルした際、駅全体を「森」のコンセプトでデザインしたことから、ぴったりの曲を探していたところ「森のくまさん」にたどり着く。

シンボルフラワー

パンジー

花言葉「心の平和」。中央区、東成《ひがしなり》区の花。色彩豊かで明るい花が区のイメージにふさわしいことから中央区の花に選定。また東成区では、公募によって1988（昭和63）年に決定した。

概　要

2面2線の相対式ホームの駅。大阪環状線改造プロジェクトが発足し、ほかの駅に先駆けてリニューアルした。コンセプトの「森」に沿って、外壁には天然の緑を使用し、駅内の床や壁面は木目調のデザインとしている。また外回りホームの北側に大阪城を見るための「城見エリア」があるのも特徴。

駅名の由来

駅から道路を挟んですぐ西側にある鵲森宮《かささぎもりのみや》が由来。古来、この地は難波宮跡の東側にあった広大な森で、生国魂《いくくにたま》神社の旧地。『日本書記』によると新羅《しらぎ》国から到来したカササギをこの森で育てたとされたことから、鵲森となった。のちに聖徳太子が社殿を建立して鵲森宮となったが、次第にカササギが省略されて森ノ宮とだけ呼ばれるようになり、地名として定着した。

森ノ宮

JR 阪

もりのみや　Morinomiya

開業日	1932（昭和7）年4月21日
所在地	大阪市中央区森ノ宮中央1-1-45
乗り換え	Osaka Metro中央線、Osaka Metro長堀鶴見緑地線
乗車人員	2万5148人

（2017年度1日平均）

発車メロディ

「法螺貝」　※オリジナル曲

大阪城の最寄り駅であることから、合戦のときに使う法螺貝《ほらがい》の音にビブラフォンを組み合わせて制作されている。

シンボルフラワー

瓢箪

花言葉「夢」。大坂城を築城した豊臣秀吉が使っていた馬印が瓢箪《ひょうたん》だった。シンボルフラワー制定に際しては、天下統一を成し遂げた秀吉の“夢”ともかけている。

概　要

2面2線の相対式ホームの駅。1983（昭和58）年の大阪築城400年まつり（大阪城博覧会）に合わせて新設された、大阪環状線でもっとも新しい駅。構内には司馬遼太郎の詩のほか、日本画家・西山英雄による絵画が飾られている。

大阪城ホールの最寄り駅であるため、イベント終了後には激しく混雑する。そのため、駅にはイベント開催日に歌手名や入場者数、混雑予想時間帯を記入する掲示板が常備されている。

駅名の由来

玉造筋を挟んで大阪城公園の前にあることから。

JR

大阪城公園 阪

おおさかじょうこうえん　Ōsakajōkōen

開業日　1983（昭和58）年10月1日

所在地　大阪市中央区大阪城3

乗り換え　なし

乗車人員　1万2246人

（2016年度1日平均）

♪ 発車メロディ

「ゆかいな牧場」アメリカ民謡

大阪では、「大阪うまいもんの歌」という替え歌のほうが知られている。おいしくて安い飲食店が立ち並ぶ京橋駅周辺の賑やかな飲み屋街のイメージと合わせた。

シンボルフラワー

コスモス

花言葉「調和」。城東区の花。城東区民の地域、近隣の愛と協調を象徴していることから、1988（昭和63）年に区の花に選ばれた。シンボルフラワー制定に際しては、ビジネス街と夜の繁華街の両方の顔をもつ街として、オン・オフのバランス、“調和”がとれている意味ももたせた。

概　要

2面2線の相対式ホームの駅。2層構造になっており、2階部分に大阪環状線のホームがあり、北側からは京阪への乗り換え口があり、南側から地上階にあるJR東西線（学研都市線）ホームへの階段が延びている。東西線ホームから階段を上った場所にある西口改札にはイオン京橋店が直結しているほか、大阪ビジネスパーク方面へのペデストリアンデッキが併設されている。

駅名の由来

江戸時代に寝屋川に架けられた橋に由来する。場所は駅からは離れ､大阪城公園の北西部分である。江戸時代は京街道の起点であり、大阪の東の玄関口として重要であったため、幕府が管理する公儀橋となっていた。

JR 京橋 阪
きょうばし　Kyōbashi

開業日　1895（明治28）年10月17日

所在地　大阪市城東区新喜多1-2-31

乗り換え　JR東西線、JR片町線（学研都市線）、京阪本線、Osaka Metro長堀鶴見緑地線

乗車人員　13万3799人
（2017年度1日平均）

♪ 発車メロディ

「さくらんぼ」大塚愛

駅名の桜にちなんでいる。大塚愛は大阪府出身。

シンボルフラワー

桜

花言葉「精神美」。都島《みやこじま》区の花。桜ノ宮駅周辺をはじめ、区内にたくさんの桜の名所があることから、区の花に選定された。

概　要

2面2線の相対式ホームの駅。ホームの両端に階段があり、それぞれが西口、東口の改札口へ通じている。駅のすぐ西側に流れる大川の両岸には、花見の名所である毛《け》馬《ま》桜《さくら》之《の》宮《みや》公《こう》園《えん》が川沿いに広がり、春には大勢の花見客が訪れる。

大川を渡った先にはオフィス、ホテル、住宅、ショッピングエリアが集約した大阪アメニティパークがある。

梅田 駅名の由来

駅の南側、大川沿いに鎮座する櫻宮《さくらのみや》（桜宮神社）にちなむ。詳細は184ページ参照。

JR 桜ノ宮 阪

さくらのみや Sakuranomiya

開業日	1898（明治31）年4月27日
所在地	大阪市都島区中野町5-1-22
乗り換え	なし
乗車人員	1万7165人

（2016年度1日平均）

発車メロディ

「花火」aiko

天神祭で打ち上げられる花火にちなんでいる。aikoは大阪府出身。

シンボルフラワー

梅の花

花言葉「気品」。駅の南にある大阪天満宮は、菅原道真を祭神として祀る神社。その道真のお気に入りだった梅が選ばれた。

概　要

島式ホームと相対式ホームが各1つずつ置かれているも、ともに片面だけを使用する2面2線構造の駅。もともと島式ホーム1つだけだったが、乗客の増加とともに手狭になり、もう1つ増設した。改札口は1か所しかなく、出口を出ると、日本一長い商店街といわれる天神橋筋商店街のアーケードが見える。

駅名の由来

駅の南側にある大阪天満宮にちなみ、一帯が天満という広域地名で呼ばれていたことが由来（186ページ参照）。天満宮とは、菅原道真の別名・天満大自在天神《てんまだいじざいてんじん》にちなむ。さらに南には、大坂と天満地区を結ぶために架けられた天満橋があり、そこに京阪本線と地下鉄谷町線の天満橋駅があるが、天満駅から約2kmも離れている。

JR 天満 阪
てんま Temma

開業日	1895（明治28）年10月17日
所在地	大阪市北区錦町1-20
乗り換え	Osaka Metro堺筋線（扇町駅）
乗車人員	2万6003人

（2017年度1日平均）

大阪環状線の車両

2016（平成28）年に大阪環状線で導入された新型車両323系。ＪＲ西日本と近畿車輛デザイン室が共同でデザインした。

323系の内装。ドアとシートの仕切りが斜めになり、車内への出入りがしやすくなったほか、背もたれが広がってゆったり座れるようになった

第一章

大阪都心部をぐるっと一周！環状線の素顔に迫る

大阪環状線

「環状線」といいながら正式には一周していないってホント？

環状線といえば、一周してもとの場所に戻る路線のことである。東京の山手線や名古屋市営地下鉄の名城線などもあるが、大阪環状線もその名前の通り、環状線である。

これだけ聞くと、山手線と同じく、ぐるぐるとひたすらに環状運転している路線をイメージするかもしれない。確かに路線図を見ると、ほぼ円を描いており、環状線になっている。環状運転をしているのだから、もし寝過ごしても約四〇分で同じ駅に戻ってこられるだろうと考える人もいるだろう。しかし、大阪環状線の場合はそう簡単にいかない。

なぜなら、環状運転以外の列車も走っているからである。とくに内回り線（鉄道は左側通行なので、大阪→西九条→天王寺という方向）には、西九条駅からＵＳＪ方面へ延びるゆめ咲線（桜島《さくらじま》線）や、奈良、和歌山、関西空港行きなどほかの地域へ行く列車が乗り入れている。これらの多くは環状線を半周ほどしたのち、途中の西九条駅や天王寺駅から別の方面へと出て行く。そのため、何も考えずに来た列車に乗ると、知らない間に関西空港や和歌山、奈良などにいたという悲劇も起こりうるのだ。

大阪駅の場合、一番乗り場のホームに大阪環状線内回りのほか、ゆめ咲線直通列車や、奈良方面へ行く大和路線（関西本線）直通の「大和路快速」、関西空港線直通の「関空快速」、和歌山方面へ行く阪和線直通の「紀州路快速」と、四系統の電車が入線する。

大阪環状線に乗りたい場合、しっかり行き先を見て「大阪環状線」と書いてある電車に乗らないと、どこへ行ってしまうかわからない。すぐに気づいて次の駅で乗り換えようにも、快速ではそう簡単にいかないこともある。

一区間だけが関西本線扱い

環状線なのに、環状運転しない列車が走るという複雑な状況だが、じつはそもそも正式には環状線ではない。国鉄時代に制定された「日本国有鉄道経営再建促進特別措置法施行令（旧法）」や、JR西日本発行の『データで見るJR西日本』によると、正式には天王寺駅が起点で、新今宮駅が終点ということになっている。つまり、天王寺～大阪～新今宮間が大阪環状線で、新今宮～天王寺間は関西本線という扱いになっているのだ。大阪環状線は、環状線といいながら、じつは一か所だけ途切れた状態だったのである。

新今宮～天王寺間が大阪環状線ではないのは、その成り立ちに原因がある。大阪環状線は長い間、城東線《じょうとう》（天王寺～大阪）と西成線《にしなり》（大阪～西九条～桜島）の区間のみで運行しており、西九条〜天王寺間はつながっていなかった。だが一九六一（昭和三六）年、城東線や西成線に加え、大阪臨港線（今宮〜浪速《なにわ》）や関西本線（今宮〜天王寺）などを用いて、ループを描く環状線をつくったのである。このとき、今宮〜天王寺間は関西本線の線路を用いたため、環状線の一部となったあとも、そのまま関西本線の所属となっているのである。ただし当初、大阪環状線は今宮駅に停まらなかったため、今宮〜新今宮間も大阪環状線扱いとなり、関西本線と重複することとなった。

しかし本当は環状線だったという説も

正式には環状線ではなかったというのは、前述の「日本国有鉄道経営再建促進特別措置法施行令（旧法）」や『データで見るJR西日本』が根拠である。しかし、別の資料を見ると、正式に環状線であるような内容が書かれている。『JR線路名称広告』などには、大阪環状線の区間が「大阪〜大正〜大阪」と記載されている。つまり、起点も終点も大阪駅にあり、正式に環状線を形成しているということだ。実際、大阪駅の一番線には、起点駅に置かれるゼロキロポストと、東端に一周二一・七キロメートルを示す丙《へい》号距離標が置かれている。これは大阪駅が起点、終点であることと一致する。

いったい大阪環状線は、環状線なのかそうでないのか、解釈によって異なるのである。

苦節六六年！ 完成まで長く費やした敷設史をイッキ読み！

大阪環状線

市街地へ乗り入れる私鉄や地下鉄の各線と並んで、大阪環状線は大阪を代表する公共交通である。沿線には大阪市の中心部である梅田《うめだ》や、観光スポットでありかつビジネス街にもなっている大阪城公園のほか、ＵＳＪへの乗換駅である西九条、繁華街が広がる天王寺、鶴橋など個性豊かな駅があり、大阪市民や観光客にとって欠かせない路線となっている。

この一周二一・七キロメートルの大阪環状線は、もとは環状線ではなかったのは前述の通り。一八九五（明治二八）年の梅田線敷設から一九六一（昭和三六）年の西九条～境川《さかいがわ》信号場間の開通まで、環状線が形成されるまでには、じつに六六年もの長い歳月がかかっていた。

大阪環状線のすべての始まりは、湊町《みなとまち》（現・ＪＲ難波《なんば》）～奈良間を敷設した私鉄の大阪鉄道が、一八九五年に大阪駅と天王寺駅の南北二つのターミナルを結ぶ路線として梅田線を開通させたことである（六一ページ参照）。当時の駅は天王寺、桃山、玉造、京橋、天満、大阪で、所要時間は二九分。現在の環状運転の四一分とあまり変わりなかった。これがのちに城東線と呼ばれ、現在の大阪環状線の東側部分にあたる路線である。

次に環状線の西側にあたる路線が開通する。大阪駅と安治川口《あじがわぐち》駅の間には貨物線が敷設されたことがあったが、一八七七（明治一〇）年の水路開削のために一時廃止された（八六ページ参照）。だが、水路の混雑が激しくなったため一八九八（明治三一）年、私鉄の西成鉄道の手によって大阪〜安治川口間が再び開通。大阪湾の埋め立てにより大阪港地区が拡大すると路線も延長され、七年後には天保山駅（現・桜島駅）まで延長した。

こうして明治期の後半には、天王寺〜大阪〜西九条間が敷設された。その後、一九〇〇（明治三三）年には梅田線が大阪鉄道から関西鉄道に譲渡されるも、七年後の鉄道国有化によって国に買収され、城東線と改称。西成鉄道も一九〇六（明治三九）年に国有化され、西成線となった。

昭和三〇年代に完成した環状線

天王寺〜大阪〜西九条間は国鉄城東線、西成線となった一方、南側の路線も出来上がりつつあった。一九二八（昭和三）年に関西本線の今宮駅から西側の浪速駅（貨物駅）に向けて大阪臨港線（貨物線）が開通した（のちに大阪港、大阪東港駅まで延伸）。こうして昭和初期の段階で天王寺〜大阪〜西九条間と今宮〜浪速間が開通し、これらをつなげれば

大阪環状線の線路の敷設史

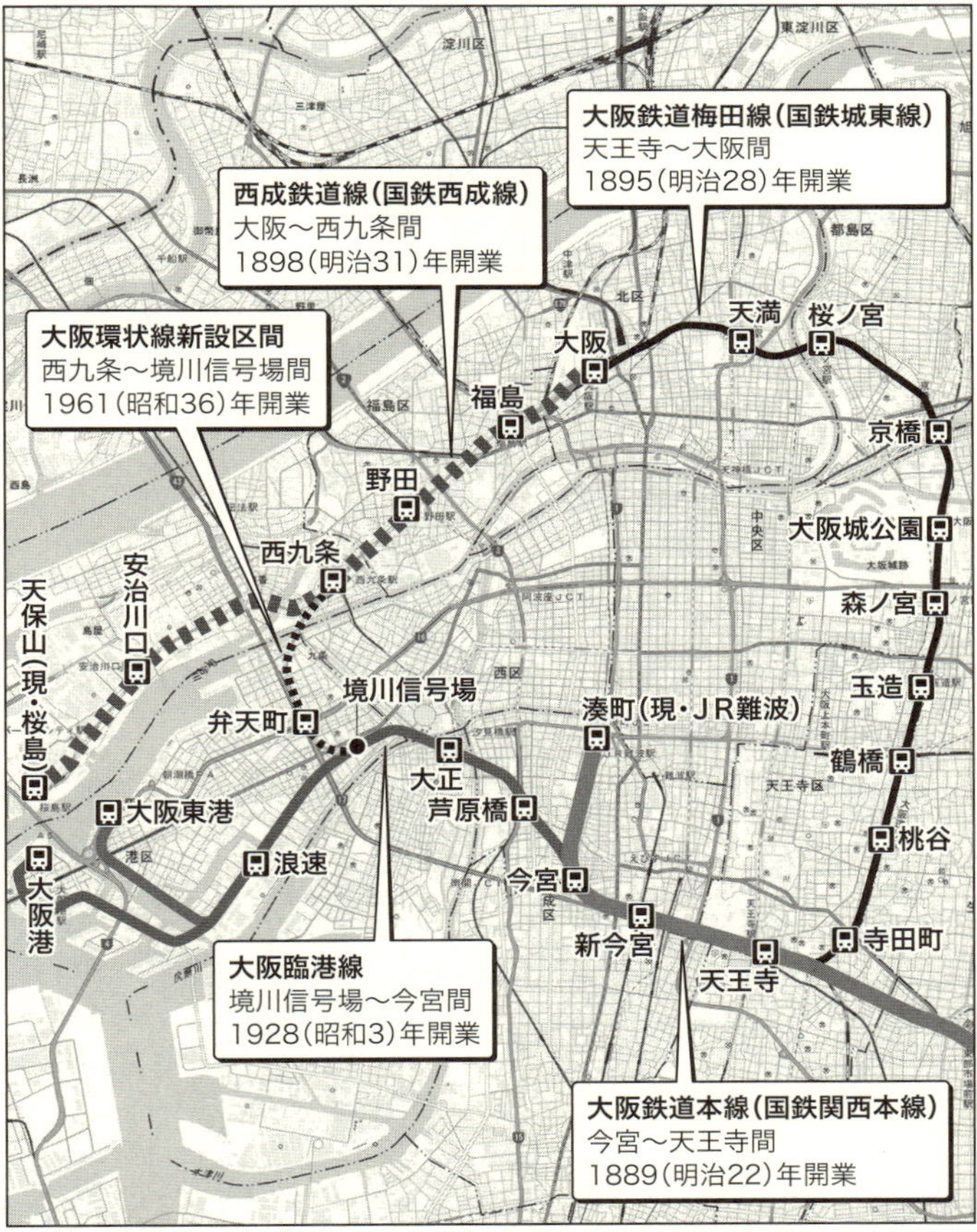

1961（昭和36）年に完成した大阪環状線は、もとは別々の路線だったものを合わせた、いわばツギハギ路線である。最初の大阪鉄道梅田線開業から通算すると、環状線完成まで、延べ66年間も要した。（国土地理院地形図を改変）

環状線が完成する状態となった。このときから環状線化の構想も浮上していたが、大阪市が市内交通を市営で行なうこと（市営モンロー主義と呼ばれる）にこだわっていたため、環状線の計画は先送りになった。

しかし、戦後を迎えてから復興とともに環状線構想が再燃する。昭和三〇年代に入り、大阪駅周辺の都市機能が拡大するにつれ、城東線と市営地下鉄だけでは輸送需要に対応しきれなくなったのである。また西区や港区、大正区あたりの市街地化が進んでおり、大阪市街の西側を縦貫する路線の必要性が高まっていた。そこで、城東線と西成線、大阪臨港線などを結ぶ環状線の計画が動き出した。

天王寺〜大阪〜西九条間はすでに旅客線が開通していたため、残りの南側の区間をつなげれば環状線が開通する。そこで一九六一年、浪速駅の手前（弁天町〜大正間）に境川信号場を設け、今宮〜境川信号場間を旅客線用に複線化したほか、西九条駅と境川信号場の間に高架線を新設。そして天王寺〜今宮間を関西本線の貨物線と共用して、ついに環状線が完成したのである。最初の路線である大阪鉄道梅田線ができてからじつに六六年もの歳月が経っていた。

現在は環状運転だけでなく、関空快速や大和路快速など、他路線への特急・快速列車も走る市内の基幹路線となっている。

大阪環状線は当初、無理やり敷設した路線だった!?

大阪環状線

大阪環状線が複数の路線をつなぎ合わせてつくられたのは五六ページで述べた通りだが、そのなかで最初に敷設されたのが大阪鉄道の梅田線である。大阪環状線と呼ばれるまでは城東線という名前だった、いまの天王寺〜大阪間にあたる部分だ。

ところがこの路線、大阪鉄道が自社発展のために敷設した主役の路線ではなかった。国からの命令で仕方なく敷設した路線だったのである。

大阪鉄道は一八八九（明治二二）年に湊町（現・ＪＲ難波）〜柏原《かしわら》間を開通させている。大阪市街の南端にある湊町駅を水運と鉄道を結ぶ地としてターミナル駅にしようと考えていた。そこから市街地を通り、河内や大和の農村地帯や神社仏閣などの史跡がある観光地を目指し、翌年には奈良駅まで延伸。さらに翌年には途中の王寺《おうじ》駅から高田《たかだ》駅、一八九三（明治二六）年には高田駅から桜井《さくらい》駅まで路線を延ばしていった。

最初の湊町〜柏原間を敷設するとき、大阪鉄道はこの認可を受けるためにある〝条件〟を国から課されていた。それは、湊町駅から官営鉄道大阪駅へと接続する路線を敷設することである。明治政府は、私鉄を中央幹線の駅へと接続させ、全国の鉄道をネットワーク化することを目指していたのである。

西ルートから東ルートへ変更

本来であれば湊町駅から奈良方面へと路線を延ばす予定しかなかった大阪鉄道にとって、大阪駅方面への敷設は資金的に大きな負担になった。大阪鉄道は当初、大阪の市街地の西側を迂回し、安治川を渡って大阪駅へ行くという、現在の大阪環状線の西半分とほぼ同じルートを検討していた。しかし、宅地が多く土地買収が困難なこと、工場や造船所などが増え地価が暴騰していること、水路が多く地盤が軟弱なうえ、架橋が多くなることなどから実現が難しいと判断された。とくに架橋に関しては、船の通航が多く、橋桁の高さのある橋か、高価な鉄道用の可動橋をつくる必要があり、コストが大きくのしかかる。

そのため大阪鉄道は官線接続の解除を願い出ている。しかし一八九二（明治二五）年九月九日付で「難聴」と判定された。その願いは聞き入れ難しという意味である。それでも大阪鉄道は再度「工費徒《イタズラ》ニ多キノミナラズ大阪築港ハ鉄道ト互ニ相待チテ効果を挙ク《グ》ヘ《ベ》キニ由リ築港設計確定マテ《デ》梅田接続線工事ヲ延期スルノ必要アリ」と、当時建設中だった大阪港工事の進捗を絡めて再三抵抗したが、この意見も通らなかった。

大阪鉄道梅田線

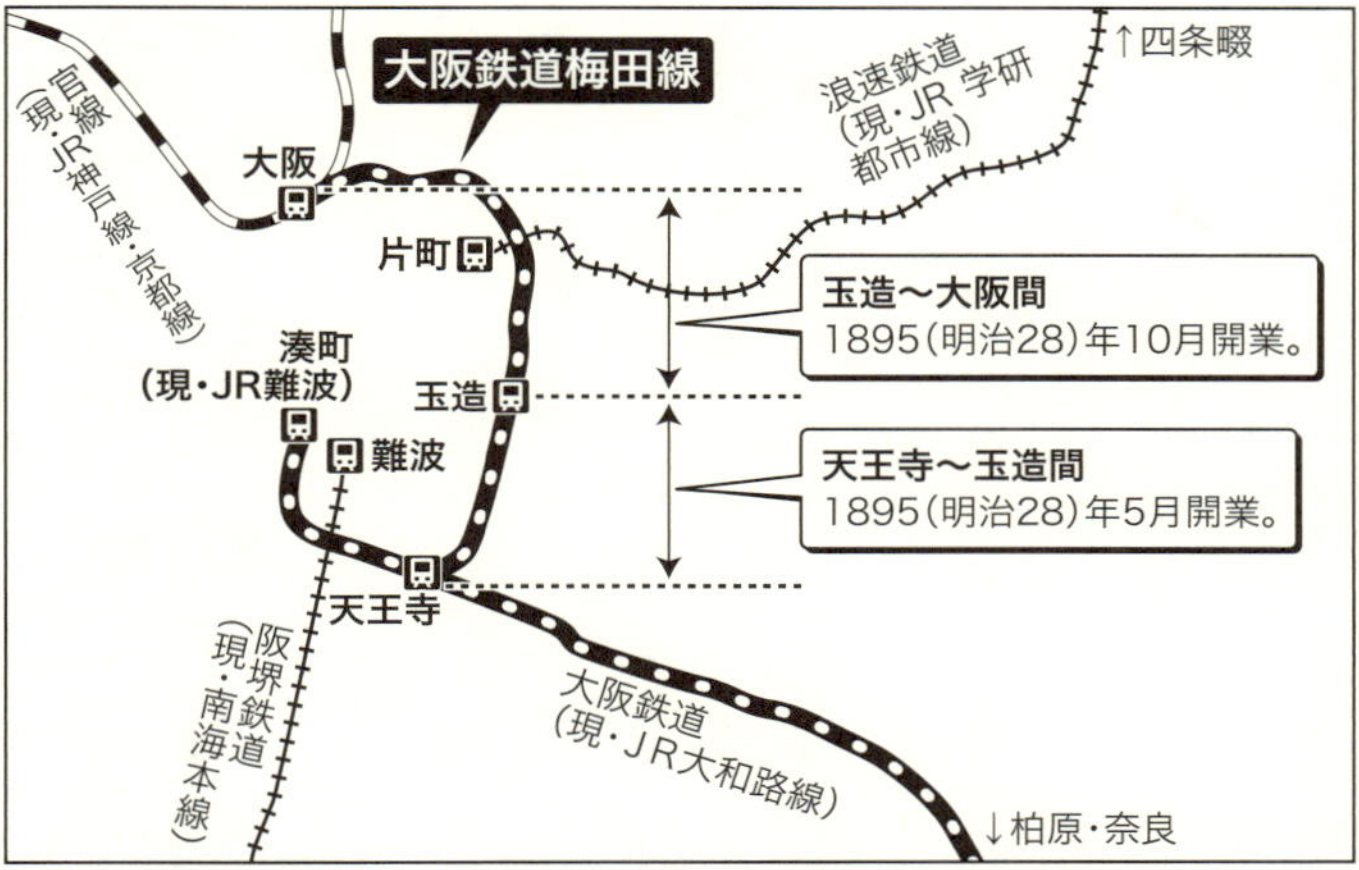

私鉄の大阪鉄道は、官線が乗り入れる大阪駅への接続を条件に認可された。この条件に基づいて開通した大阪鉄道梅田線が大阪環状線のはじまりである。

梅田接続をせざるを得ない状況に追い込まれた大阪鉄道が苦肉の策として考え出したのが、天王寺駅から大阪鉄道線と分岐して、市街地の東を北進し、玉造を経て淀川を渡り、大阪駅に到達するルートである。そして一八九五（明治二八）年五月には天王寺〜玉造間が、続いて一〇月には大阪駅までが開業した。なお、淀川橋から大阪駅までは、造幣寮《ぞうへいりょう》が所有していた馬車鉄道の敷地を用いて敷設している。

このように大阪環状線の原点である大阪鉄道梅田線の前身は、政府に命じられてしぶしぶつくった路線だったのである。このときは、まさかこの路線が、のちの大阪市街地の中心路線になるとは、大阪鉄道も思っていなかっただろう。

大阪環状線

環状運転ではなく、逆「の」の字運転だった謎の三年間

大阪環状線が一九六一（昭和三六）年に完成したとき、まだ暫定開通とされていた。その理由は、完成当初の大阪環状線は、厳密には環状運転をしていなかったからである。西九条〜境川信号場間は高架線でつくられたものの、大阪〜西九条間の旧西成線区間の高架化工事が間に合わずに地上線のままであったため、西九条駅構内でつながらなかったのだ。西九条駅には、高架ホームと地上ホームの二つが設けられた。

西九条駅の高架ホームを出た内回り列車は、天王寺駅を回って大阪駅へ至り、西九条駅の地上ホームに入線した。さらに旧西成線のうち桜島線（ゆめ咲線）と改称した区間に入り、桜島駅へ向かった。西九条駅の高架と地上のホームを二度通る、いわば〝逆「の」の字運転〟であった。これは内回り、外回りとも同じである。路線図ではつながっていても実際にはつながっていなかったというわけだ。

桜島線と直通して一見便利そうに見えるこの運転形態だが、じつは乗客にとってかなり不便だった。天王寺側から桜島線へ向かう乗客も、大阪側から大正方面へ向かう乗客も、

環状線完成直後に行なっていた"逆のの字"運転

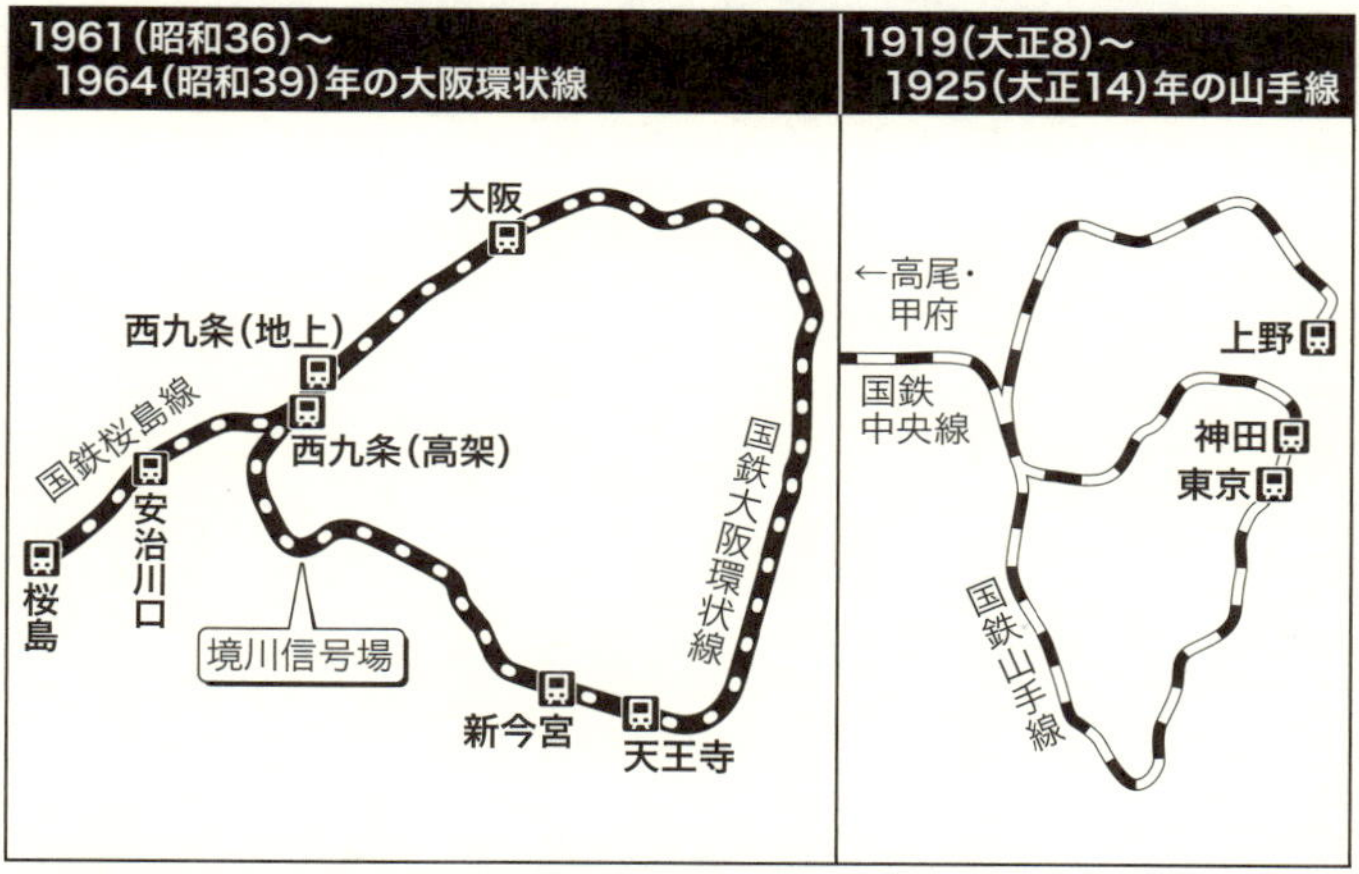

大阪環状線の開通時は、西九条駅が高架区間と地上区間の境目となっていたことから環状運転できなかった。また地上線は桜島線と直通となっていたため、大正期の山手線のような「の」の字運転が行われた。ただし厳密には、「の」を逆向きにした形だった。

それぞれが西九条駅で乗り換える必要があった。エスカレーターなど普及していない当時、仮設の木製の階段を上り下りして、高架ホームと地上ホームを移動しなければならなかったのだ。

営業しながらその上で高架化工事

大阪〜西九条間の高架化工事をすませ、環状運転を行なうようになるのは、環状線完成から三年を待たなければならなかった。三年もかかったのは、予想以上に大掛かりな難工事となったからである。

大阪〜西九条間は、市街地のど真ん中。工事のために敷地を広げるのは難しかったため、電車が走っているその上に覆いかぶせるようにして高架橋をつくるという世界でも初の試みが行なわれた。高架線の支柱を線路ぎりぎりに建て、基礎杭を線路の外側に打ち込み、鉄筋コンクリートの高架支柱を立ち上げる。さらにゴライアスという走行式クレーンで、あらかじめつくっていた横桁を吊り上げて設置したという。

そして着工から三年後、最後に立体交差点で一一か所の切り替え工事に着手した。最終便が行ったあと、一夜にして交差する道路や別の線路を下ろして、国鉄の橋桁を架けるのだ。阪神電鉄の最終便が通過し、阪神電鉄の橋桁の撤去作業を行ないつつ、大阪環状線の線路の据えつけを行なった。この阪神との切り替え工事は、当時としては画期的な試みだったといわれている。

こうして西九条～大阪間の高架が完成したことにより、環状運転が実現して名実ともに環状線となり、逆「の」の字運転による乗り換えの不便も解消された。ところが五四ページにある通り、いまやゆめ咲線直通列車や大和路快速、関空快速、紀州路快速など、環状運転以外の列車も大阪環状線を走る。逆「の」の字どころか、いわば〝タコ足運転〟の様相になっている。

内回り列車が、外回り線の線路を逆走する区間が存在する！

西九条
にしくじょう
Nishikujō

環状運転をする路線は、全国でも珍しい。大阪環状線のほか、東京の山手線、名古屋市営地下鉄名城線のみだ。路面電車も入れれば、富山地方鉄道の市内線も環状線になる。

これらの環状線は、ほかの路線と違って方向を示すときにある「上り」「下り」といった案内がない。同じ場所をぐるぐる回っているのだから当然だろう。そこで大阪環状線や山手線は、複線の線路を列車が走る位置を指して、「外回り」「内回り」と呼ぶ（名古屋市営地下鉄名城線のみ右回り、左回りを使用）。複線の鉄道は左側通行が基本であるから、外回りは時計回りで、内回りは反時計回りになる。

大阪環状線でいえば、大阪〜京橋〜天王寺〜西九条〜大阪というルートが外回りであり、その逆が内回りということになる。基本的に外側の線路には、外回りの列車しか走らず、内側の線路も同様だ。

しかし、そんな大阪環状線のなかで例外的に一か所だけ、外回りの線路を内回り列車が走る区間が存在する。つまり、その区間だけ逆走していることになるが、どこだろうか。

西九条駅の複雑な配線

五四ページにもある通り、大阪環状線には、内回り線を通って環状線外へ向かう列車も多数乗り入れる。とくに「はるか」「くろしお」のように、新大阪から和歌山方面へ抜ける特急列車は、みな旧貨物用の線路である梅田貨物線を通り、福島〜野田間で大阪環状線と合流し、そのまま外回り線のさらに外側で併走する。そして西九条駅を過ぎて内回り線の線路へ入線し、そのまま天王寺駅まで走る。この切り替えポイントとなっている西九条駅のある一角が、逆走区間になっているのだ。

西九条駅はゆめ咲線（桜島線）も乗り入れているため、ホームは通常の島式から一面増やした二面三線構造となっている。もっとも外側にある一番ホームに入線するのは、野田駅や大阪方面へ向かう大阪環状線の外回り列車や、天王寺駅やゆめ咲線から新大阪方面へ向かう列車である。二番、三番ホームはゆめ咲線の乗降ホームであるほか、新大阪駅から和歌山方面へ向かう列車も通る。そしてもっとも内側の四番ホームには、弁天町駅や天王寺方面へ向かう大阪環状線の内回り列車がおもに通り、たまに大阪駅から来た阪和線直通列車やゆめ咲線直通列車が走る。

逆走しているのは、このうちの新大阪駅から和歌山方面へ向かう列車である。梅田貨物

西九条駅前後の配線と逆走区間

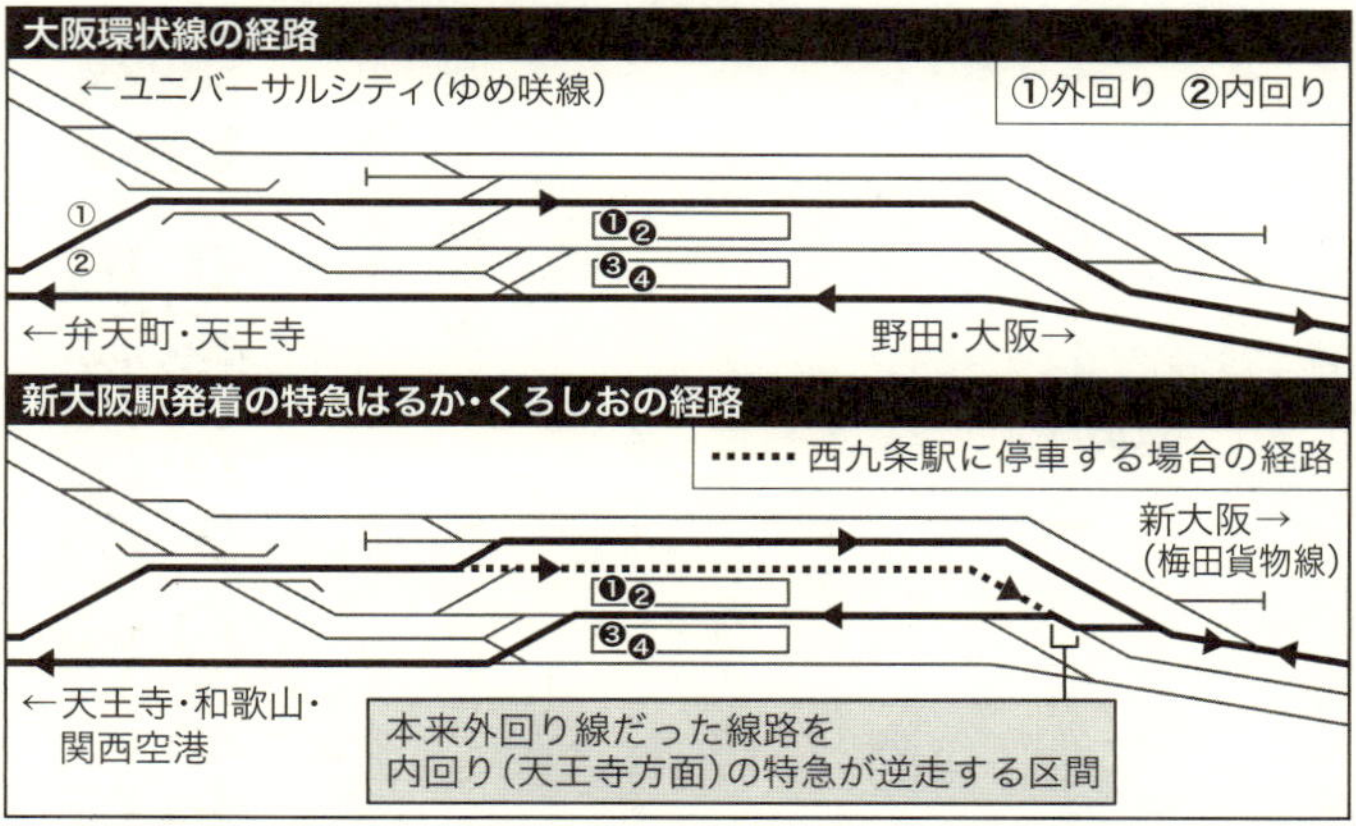

西九条駅は大阪環状線とゆめ咲線が乗り入れるほか、梅田貨物線との分岐点にもなっているため、配線が複雑。新大阪駅から梅田貨物線を通ってきた特急列車は、大阪環状線の内回り線に乗り入れる際、一瞬だけ外回り線を逆走する。

線を走ってきた列車は、西九条駅の先で内回り線へ入線するために、西九条駅では二番、三番ホームの間を通らなければならない。梅田貨物線とこの線路の間には外回り線がある。そのため、ホームの手前で一瞬だけ外回り線の線路を走るのだ。距離にして二〇メートルほどだが、外回り線を内回り方向へ走るため、逆走ということになる。

一方、逆方向（新大阪方面）へ向かう列車は、はじめから外回り線を走っているため、梅田貨物線へ向かうときも隣の線路へ切り替えるだけなので逆走にはならない。逆走は、もっとも外側にある梅田貨物線から、もっとも内側にある内回り線へ入るために起こることなのである。

環状線の輪のなかに私鉄が入り込んでいるワケ

大阪環状線

関西は私鉄王国として知られている。大阪環状線をはじめ、神戸線や京都線のほか、東西線、学研都市線、大和路線などのＪＲの路線が敷かれているものの、それ以上に私鉄の勢力が強いからだ。

その構図がはっきり現われているのが大阪の都心部である。東京の路線図と比べてみると、東京では数多くある私鉄のターミナル駅は、大半が山手線の駅とセットのような形になっていて、山手線の内側には入り込めていない。東急電鉄や小田急電鉄、東武鉄道などの大手私鉄でも同様だ。内側にあるのは、京成電鉄の京成上野駅と西武鉄道の池袋駅だけである。

ところが、大阪の都心部の路線図を見ると、南海電鉄の難波駅や阪神電鉄の梅田駅、京阪電鉄の中之島《なかのしま》・淀屋橋《よどやばし》駅、近畿日本鉄道の大阪上本町《うえほんまち》駅など、環状線の内側に私鉄各社のターミナル駅が存在する。

この違いは、大正期の行政による鉄道整備にある。東京の山手線が環状運転を始めたの

おもな大阪市内の私鉄ターミナル

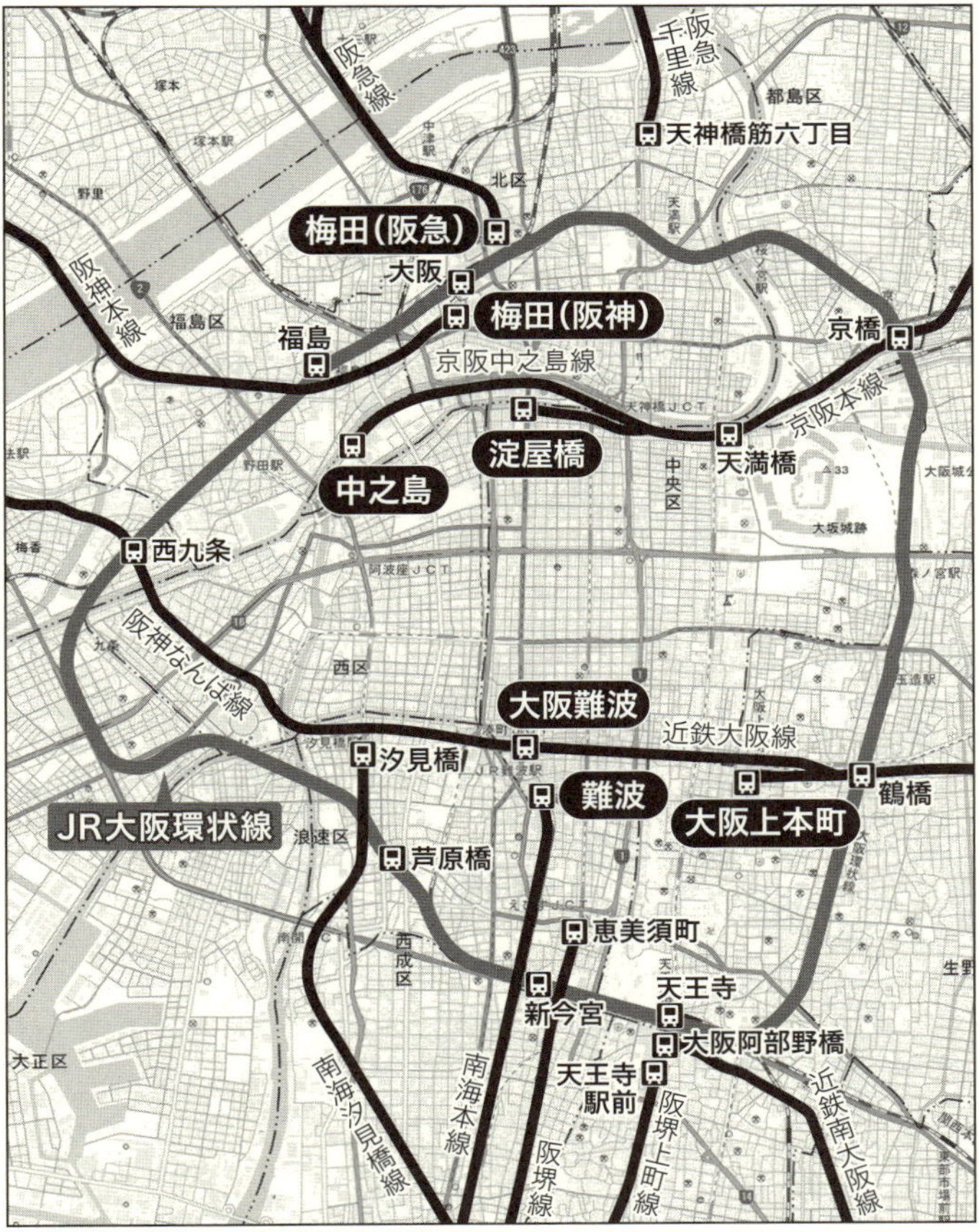

東京の私鉄が山手線の内側へ入り込んでいないのに対し、大阪では大阪環状線の内側に私鉄の各路線が入り込み、梅田や難波、上本町など巨大なターミナル駅をつくっているのが特徴である。(国土地理院地形図を改変)

は一九二五（大正一四）年。大阪環状線が完成した一九六一（昭和三六）年の三六年前である。

この当時、東京の山手線内では、すでに路面電車（のち統合、市電）が張り巡らされ、十分に市内交通の役割（のちに地下鉄が代替）を担っていた。そのため政府は、私鉄が市内へ延伸しようとしても認可を与えず、山手線の内側へ入ることをブロックしていたのだ。

私鉄王国ができたのは環状線ができた時期が遅かったから⁉

長らく環状線がなかった大阪では、私鉄が国鉄の路線に阻まれることなく、都心部へと路線を延ばしていくことができた。大阪でも東京同様に、市内交通は大阪市が行なうという市営モンロー主義があったのは六〇ページにある通りだが、東京のように山手線でブロックされていないため、国鉄路線という物理的な壁はなかったのである。そしてその後、大阪環状線が敷設され、都心部へ乗り入れていた私鉄は自然と環状線の内側にターミナル駅をもつ形になったというわけだ。

つまり、都心部での路線を国鉄より先行して敷くことができた私鉄が、国鉄より強い勢力を持つようになり、結果として「私鉄王国」と呼ばれる状況になったのである。

いまでも大阪では私鉄とＪＲ、そして地下鉄がしのぎを削っている。

森ノ宮～京橋間が高架化されなかった怖～い理由

大阪城公園
おおさかじょうこうえん
Ōsakajōkōen

大阪環状線は、ほぼ高架区間しかない路線である。昭和初期にほとんどの区間で高架化工事が行なわれていたからだ。戦後に新設された西九条～境川信号場間も高架で、その後に旧西成線区間（大阪～西九条）も高架化工事が行なわれた（六五ページ参照）。

例外は、上町台地《うえまちだいち》を横切る天王寺駅周辺と、森ノ宮～京橋間だけである。内回り線に乗って森ノ宮駅を出ると、中央大通りを渡ったあたりから二五パーミルもある急勾配を下り地上へ下りる。そして大阪環状線で唯一の地上駅である大阪城公園駅を過ぎると、左手には大阪城公園や大阪城天守閣が見え、大阪ビジネスパークに林立する高層ビル群の高さに圧倒されながら、次の京橋駅が近づくと再び勾配を上り、高架へと戻っていく。

ほとんどが高架化されている環状線にあって、大阪城公園周辺の森ノ宮～京橋間は、地上を走る。天王寺駅のように丘のような地形になっているわけでもないのに、なぜここだけ地上線のままなのか。

昭和初期、この区間の高架化も検討されたが、いまの大阪城公園との位置関係が悪く、高架化できなかった。大阪城公園には戦前、兵器工場である大阪砲兵工廠《ほうへいこうしょう》（のちに大阪陸軍造兵廠へ改称）が存在しており、機密保持のために軍が高架化を認めなかったのだ。

軍需工場が集積していた場所

大阪砲兵工廠は一八七〇（明治三）年に、陸軍創設者の大村益《おおむらます》次郎《じろう》の肝いりにより開設された軍需工場である。狙われやすい首都の東京を避けて大阪を陸軍の拠点にしようと考えていた大村は、広い敷地があり、堀に囲まれた大阪城を軍需工場として目をつけた。

当初は大阪城の北東の一角の敷地のみだった軍事施設は、日露戦争後に拡張し、現在の大阪城公園や大阪ビジネスパーク一帯にまで広がった。この広大なエリアで、大砲や武器が製造され、化学兵器製造などが行なわれた。国産自動車用エンジンの製造に成功し、国産トラックの第一号を製造したのもこの工場である。終戦時には六万四〇〇〇人が働き、陸軍の約四割のストックを所蔵する東洋最大規模の軍需工場になっていった。

こうした重要な軍事施設が線路のすぐ横にあったため、昭和初期に高架化工事が始まった際、線路が高くなると、車両から軍の施設を覗かれて機密が漏えいする可能性があるという理由で、軍が森ノ宮～京橋の高架化を認めなかったのだ。

陸軍はさらに、線路の両側に高さ二、三メートルのコンクリート塀を設けて目隠しとしていた。また、戦時中は列車が砲兵工廠のそばを通る際、乗客に列車のカーテンや窓を閉めることを強制していた。ここまで機密保持を徹底するほどであるから、一旦計画された高架化も、陸軍の反対を受けたのだ。

そして森ノ宮〜京橋間の高架化は立ち消えなくなり、それぞれ勾配を設けて地上と高架を上り下りする形にして地上を走ることになったのである。戦後、大阪陸軍造兵廠は消滅し、あたり一帯は米軍による接収を経て、公園などに整備され、大阪城ホールや大阪ビジネスパークに生まれ変わっている。

この区間の高架化を妨げた軍事施設はなくなったものの、その後は高架化が話題に上がることはなかった。城東線の東側にあった城東練兵場跡地には、車庫（正式名称：吹田《すいた》総合車両所森ノ宮支所）が設けられた。もし高架化すれば、車庫と高低差があり過ぎ、列車が出入りできないことが考えられる。こうした事情もあり、大阪環状線は二〇一七（平成二九）年に鉄道施設の大規模な改造や改修を手掛けたものの、森ノ宮〜京橋間の高架化についてては予定していない。

大阪城公園に残る陸軍砲兵工廠時代の面影は、一九三一（昭和一六）年に建てられた陸軍第四師団司令部庁舎を利用したミライザ大阪城（旧大阪市立博物館）などがあるが、この大阪環状線の地上区間も、当時を物語る名残である。

環状線を一周すると、いったい運賃はいくらかかるのか？

大阪環状線

大阪環状線は、大阪市内中心部一周二一・七キロメートルを約四〇分で走る路線である。沿線には、梅田や新世界の繁華街、大阪城、京セラドームなど観光地がまとまっている。

大阪環状線を一周するには、駅にあるみどりの窓口で「環状線を一周したい」と言えば、「大阪→大阪」と書かれた専用の切符を三三〇円で購入できる。二一・七キロメートルを走るわけだが、距離に比べて割安になっている。

ただ、もう少し安く回れる方法がある。それは、隣駅までの切符を買う方法だ。その方法は、A駅から次のB駅までの切符を購入して、そのまま逆回りの列車に乗り一八駅を通ってB駅で下車し、B駅で再度、入場してA駅まで一区間だけ乗車するという方法だ。すると、初乗り運賃一二〇円を二枚使い、総額二四〇円で一周できるのである。

この方法が可能なのは、大阪環状線がJRの「大都市近郊区間」に指定されているためだ。大都市近郊区間とは、東京、大阪、福岡、仙台、新潟の都市部のみ設定されている特別な料金体系のエリアのこと。都市部では路線数が多く複雑なため、その経路ごとに運賃

大回り乗車が可能なＪＲの大阪の「大都市近郊区間」

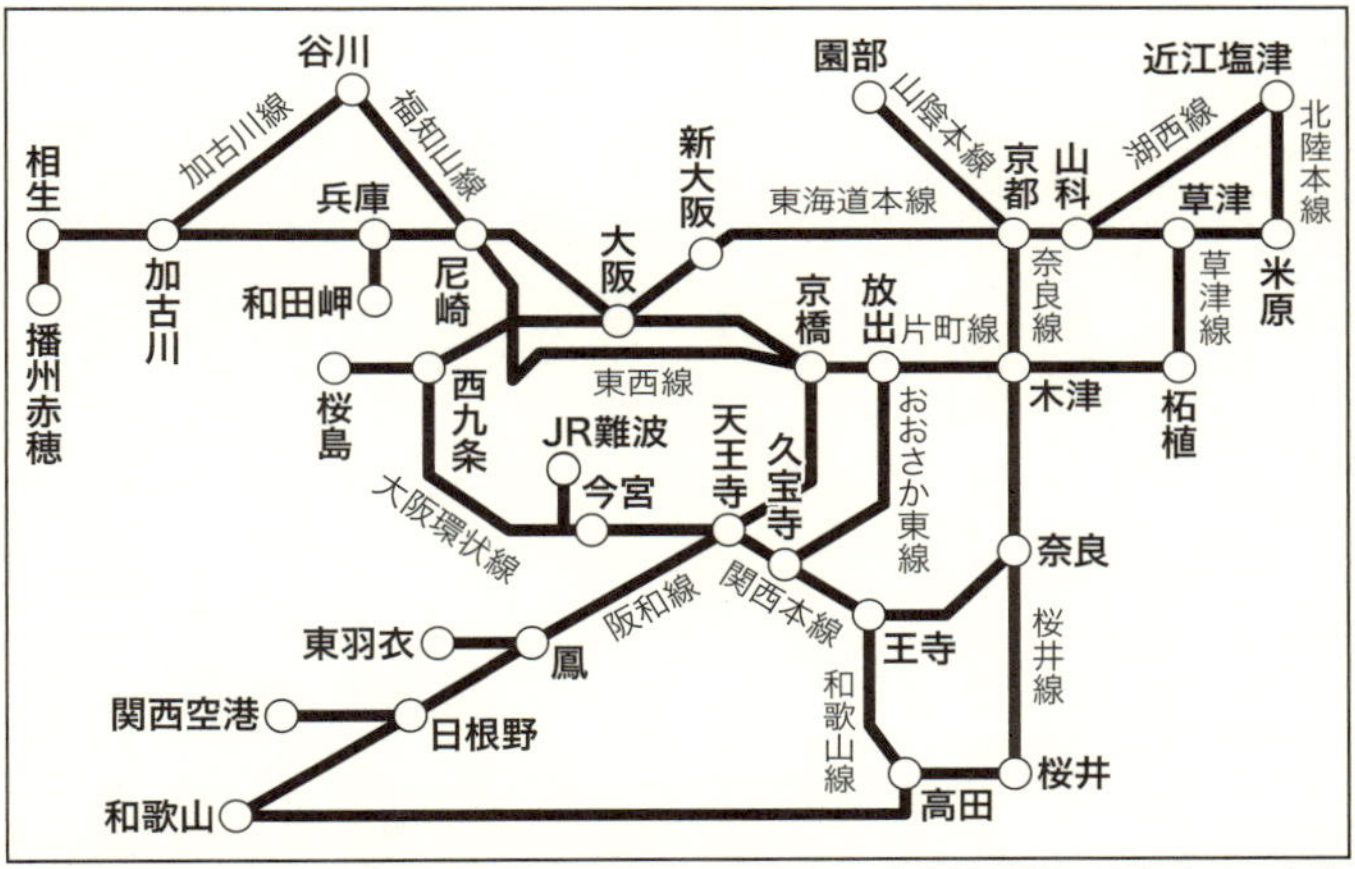

上記の範囲内であれば、同じ駅を二度通らないことと乗車駅の隣で下車することを条件に、一区間分（大阪環状線では120円）の切符だけで乗り続けることができる。

計算するのは難しい。そこで、大都市近郊区間では、乗車した距離にかかわらず、最短経路の距離をもとに計算する方法が適用されているのだ。

たとえば大阪環状線の場合、大阪駅で乗車して、通常とは逆の内回り線で天満駅へ行っても、最短経路から計算されるため、大阪〜天満間の一区間約一・六キロメートル分の一二〇円ですむ。ただし、大阪駅で乗車し、そのまま一周して大阪駅で降りた場合は、二一・七キロメートル走ったと解釈されるため、三三〇円が必要になる。

一二〇円で近畿一周!?

この大都市近郊区間のルールを応用して、一二〇円の切符を購入して最終的に隣の駅で降りれば、大阪環状線どころか近畿地方を一周することもできる。というのも、大阪の大都市近郊区間は、西は兵庫県の播州赤穂駅《ばんしゅうあこう》、東は滋賀県の米原駅《まいばら》、北は同じ滋賀県の近江塩津駅《おうみしおつ》、南は和歌山駅までの広大な範囲だからだ。

この〝大回り〟といわれる旅行をするには、いくつか条件がある。普通乗車券か回数乗車券を利用すること、同じ経路や同じ駅を通ってはいけないこと、途中下車をしないこと、の三つだ。同じ駅を通ると一周したとみなされるため、線が交差しない一筆書きの経路でなくてはならない。

この条件内であれば、たとえば、天王寺駅をスタートして和歌山～桜井～奈良～木津《きづ》～柘植《つげ》～草津《くさつ》～米原～近江塩津～京都～大阪～西九条と通り、新今宮駅で降りれば、一筆書きのように同じ駅、経路を通らず、一二〇円で大回りすることが可能だ。残念ながら最西の播州赤穂駅へは、往路と復路で尼崎駅《あまがさき》を通らなければならないため行くことができないが、南は和歌山駅、東は米原駅までの近畿一周の旅を一二〇円で楽しめる。

小一時間程度の大阪環状線程度ならともかく、近畿一周をした場合は自動改札で止められる可能性が高いため、有人改札で「大回り」と言って切符を渡す必要がある。不正乗車を疑われたときに乗車経路を説明するため、乗り換えごとに駅名標をスマホなどで写真を撮っておけば、撮影時刻と合わせて確認でき、スムーズに通ることができるだろう。

第二章

途中下車してみたくなる！環状線・駅のおもしろエピソード

大阪
おおさか
Ōsaka

迷宮といわれる大阪・梅田駅構内には、本当の迷路があった！

大阪・梅田駅付近の地下街といえば、初めて訪れた人にとっては迷路さながらの様相である。案内に従って移動したにもかかわらず、迷ったことがある人は多いだろう。「大阪駅前ビル地下街」や「ディアモール大阪」「阪急三番街」「ホワイティうめだ」など、複数の地下街が絡み合い、それらを結ぶ道にも複数の分岐や枝道がある。その複雑さから〝梅田ダンジョン〟の異名をもち、〝梅田の地下街を歩けたら一人前の大阪人〟といわれるほどだ。

複雑な構造になったのは、大阪駅の立地によるといわれている。大阪駅は旧市街地の外縁に対して斜めに設置されている。地上には東西南北に沿った街路があったが、大阪駅の向きに合わせた斜めの道がつけ足され、さらにそこから放射状に枝分かれする道が交差する形となった。地下街の道は、基本的にそうした道路の下につくられたため、結果的にいくつもの分岐がある迷路のようになってしまったのである。

面白いことに大阪駅の中央コンコースには本当の迷路が存在しているという。こちらは

大阪駅中央コンコースの床面に描かれている迷路。だが多くの人が行き交うこの場所で下を向きながら迷路をたどるのは難しい。

結果的に迷路のようになったものではなく、はじめから迷路としてつくられたものだ。

床に設けられた黒と白の不規則模様

大阪駅といえば、南側の商業ビルと北の超高層ビルを巨大な屋根でつないだ形をしている。その地上の通路にある中央コンコースに巨大迷路がつくられている。

中央コンコースの床をじっくり見てみてほしい。黒と白のタイルの模様が不規則に並べられていることに気づくだろう。これがなんと幅六・八メートル、長さ八〇メートルの巨大な迷路になっている。

一番北側がスタート地点で、床面に小さな印も設けられている。ここからたどっていくと、道が枝分かれしたり、行き止まりにぶつかったりと、確かに本当の迷路になっている。巨大なため、先を見通すことも難しく、自分で歩いてみるしかない。かつては全貌のわかるマップもあったといわれているが、いまはなくなっているので自分で迷路をクリアして確かめてみるしかない。

それにしても、駅になぜこんな巨大迷路を駅につくったのだろうか。

この迷路ができたのは一九九一（平成三）年。駅でもっとも格調のあるスペースの表現方法として考えられたものだという。設計担当者は、二筋の柱の間をゆっくり歩いてもらおうと、黒い絨毯をイメージした床模様を思いついた。

そこに単なる黒一色ではなく、迷路模様を取り入れたのにはある遊び心が隠されていた。JR西日本によると、この迷路模様の発想は、設計担当者が映画『インディ・ジョーンズ』からヒントを得たのだという。そうした遊び心が発端だったが、迷路模様は実際に欧米の格調ある主要駅でよく使われているものであり、それを採用するに至ったのだ。

『インディ・ジョーンズ』がきっかけでつくられた迷路を是非とも楽しみたいところだが、大阪駅は西日本最大のターミナル駅であり、利用客もかなり多い。しかも多くの人が行きかう中央コンコースで、下を向いて迷路を歩くのはなかなか難しいのが現実だ。混雑する日中を避け、早朝や深夜など、人が少ないときにチャレンジできればよいのだが……。

キタの中心・大阪駅は、もともと墓場の跡につくられた

大阪
おおさか
Ōsaka

大阪駅周辺は現在、大規模な再開発の真っ最中だ。駅の北側に広がる通称「うめきたエリア」には、二〇一三（平成二五）年夏にグランフロントが完成しており、二〇二四年夏を目指して、うめきた二期と称した約一六ヘクタールの大型再開発も動き始めている。大型複合施設やホテル、美術館、都市型スパ、都市公園などが新たに誕生する予定だ。

「うめきた」は、梅田貨物駅の跡地で、そのアクセスも抜群に良い。JR大阪駅に直結しているだけでなく、二〇三一年には、地下鉄の新線「なにわ筋線」が乗り入れ、北梅田駅（仮称）も誕生予定だ。これにより、これまで乗換えが多くて不便だった関西空港へのアクセスが向上する。「うめきた」の再開発によって、現状でさえ大繁華街の大阪駅周辺エリアは、さらに大きくステップアップすることになる。

このうめきた二期の再開発工事の途中で、恐ろしいものが出土した。二〇一七（平成二九）年六月、区域の南西にある北梅田駅予定地を発掘調査していたところ、なんと二〇〇体以上の人骨が発見されたのである。国鉄時代から貨物駅だった土地から、なぜ人骨が大

量に発見されたのか。

理由は、この地域は、江戸時代から「梅田墓《うめだはか》」と呼ばれていた墓地だったからだ。いまではすっかり繁華街となった大阪駅周辺だが、大阪駅が誕生するまでは、広大な田畑の中に墓地が並ぶ寂しい場所だったのである。

堂島地域の反対によって大阪七墓の一つが駅に

大阪駅が誕生したのは、一八七四（明治七）年五月一一日。大阪〜神戸間の鉄道が単線開通したときのことである。

駅の場所として選ばれたのは、かつて曽根崎《そねざき》村と呼ばれた梅田の地。この梅田という地名は、もともとの地主が梅田宗庵《そうあん》という人物だったことや、田畑沼地を埋め立てたことから「埋田」と呼ばれるようになったことが由来といわれている。この経緯にある通り、当時の梅田は葦《あし》が茂る泥田の埋立地で、ほとんど人が近づかない場所だった。

この梅田は埋立地というだけでなく、大規模な墓地があった。大坂城落城後の一六一五（元和元）年に寺院や墓地の移転廃合が行なわれた際、天満周辺に点在していた墓が集められ梅田墓となったのである。こうしてつくられた梅田墓は、南浜《みなみはま》、葭原《よしはら》、蒲生《がもう》、小橋《おばせ》、飛田《とびた》、千日《せんにち》の墓地と合わせて「大阪七墓」と呼ばれるようになった。江戸時代の中期から

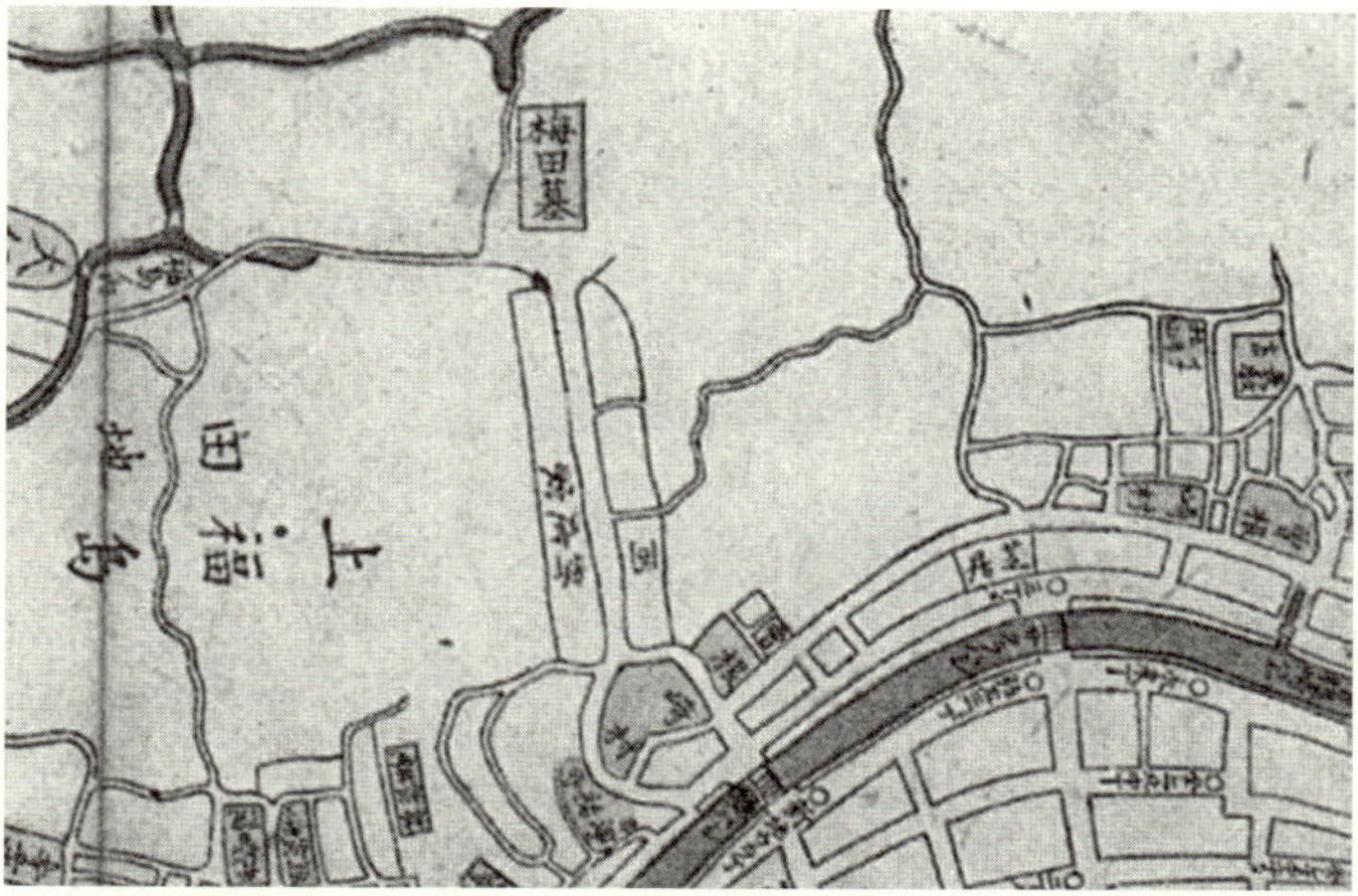

『文政新改摂州大阪全図 -第12図-（1825刊）』の現在の大阪駅近辺を拡大すると、「梅田墓」の文字が見える。（大阪市立図書館アーカイブより一部改変）

明治初期にかけて、盂蘭盆会《うらぼんえ》の旧暦の七月一六日には、町民たちが鉦《かね》や木魚などをもって七つの墓を巡る「七墓巡り」が行なわれていたという。

　このような場所が大阪駅の立地に選ばれたのは、梅田が寂しい場所だったからである。当時の構想では、都心に近い堂島《どうじま》の市街地に入り込ませる形で鉄道を敷設する予定だったが、堂島の人々が、「火を焚きながら走る汽車が市中を走ったら火事になる」と猛反対。やむなく、人家のほとんどない梅田の地に設置することに決まったのである。

　人気のない墓地だったからこそ大阪駅がつくられたわけだが、その駅を中心としたその後の発展は今日見ている通りである。

大阪駅ホームの西端に立つ謎の白い小屋の正体

大阪
おおさか
Ōsaka

大阪駅は一日平均のべ約八六万人が乗降する大ターミナル駅である。駅の南北には高層ビルが建ち、巨大な斜めの屋根で覆われて迫力ある空間となっている。ＪＲの各ホームはこの屋根の下で東西方向に並んでおり、コンコースの上にある中二階通路からは、各線に列車が発着するようすが見下ろせる。

この通路からホームの西側を見ると、各ホームに白い小屋が見える。多くの人が利用する大阪駅だが、この場所はいずれも人が少なくひっそりしている。小屋には駅員が立ち入るようすもほとんど見られず、なんのために存在しているのか不思議な存在だ。

この小屋は貨物用エレベーターの跡である。大阪駅にはかつて鉄道だけでなく、なんと船も乗り入れていた。その舟運時代の名残である。船が入るなど、現在の姿からは想像できないが、どのように使われていたのだろうか。

大阪駅は、一八七四（明治七）年五月に大阪〜神戸間の鉄道の開通と同時に開業した。当初は旅客のみの取り扱いだったが、同年一二月から貨物の取り扱いも始まった。以降、

大阪駅の各ホーム西端には、屋根まで突き抜けた白い小屋が並んでいる。これらは梅田入堀があった頃に貨物の昇降用に使われていた。

多くの貨物を扱うようになり、大阪各地へ運ぶ貨物の集積所になった。

現代なら当然トラックで搬送するが、明治初期では水路を用いた舟運が主流だった。

そこで、大阪駅から直接船を出せるよう、堂島川から大阪駅へ続く堀割が開削されたのである。まず一八七七（明治一〇）年に大阪駅と蜆川《しじみがわ》（曽根崎川）の間に堀割が開削され、翌年、その堀割は堂島川までつながった。この堀割は、大阪駅から蜆川までが梅田入堀《うめだいりぼり》、蜆川から堂島川までを堂島堀割と呼ばれた。

大阪駅と蜆川をつないでいた梅田入堀は、一九三〇（昭和五）年には線路をくぐった北側まで延長され、一九三四（昭和九）年には、大阪駅を挟んで北側と南側に船溜《ふなだまり》ができた。北側の船溜は国内向けの貨物用で、南側の船溜はおもに朝鮮や満州といった海外向けの貨物用だった。この北側の部分が通称「梅田貨物駅」で、現在うめきた二期の再開発工事中のエリアである。

堀割の開削によって、当時の大阪駅は、大阪湾と直接つながっていたわけであり、ホームの西端に残る貨物用エレベーターの跡は、鉄道と水運のバトンタッチ役を果たしていたことになる。貨物列車に載せられて大阪駅に届いた貨物は、船で大阪港へ運ばれ、国内各地や海外へと送り出されていったのである。

堀割が姿を消したのは、高度成長期にあたる一九六五（昭和四〇）年前後のことだ。運送の中心が水路から陸路へと変化した時期だった。大阪駅の南側は埋め立てられてコンテナホームとなり、北側の水陸連絡用ホームも貨物用のホームへと整備され、埋め立てられた梅田入堀の上には高速道路が走ることになった。やがて昭和五〇年代になると、トラック輸送が本格的に浸透し始め、貨物列車の取り扱い輸送量も減少。二〇一三（平成二五）年には機能を百済《くだら》駅と吹田貨物ターミナルに移転し、梅田貨物駅の営業が終了した。

姿を消した堀割は高速道路に変身

梅田貨物駅の広大な跡地は前述の通り、うめきた二期として再開発されており、かつて

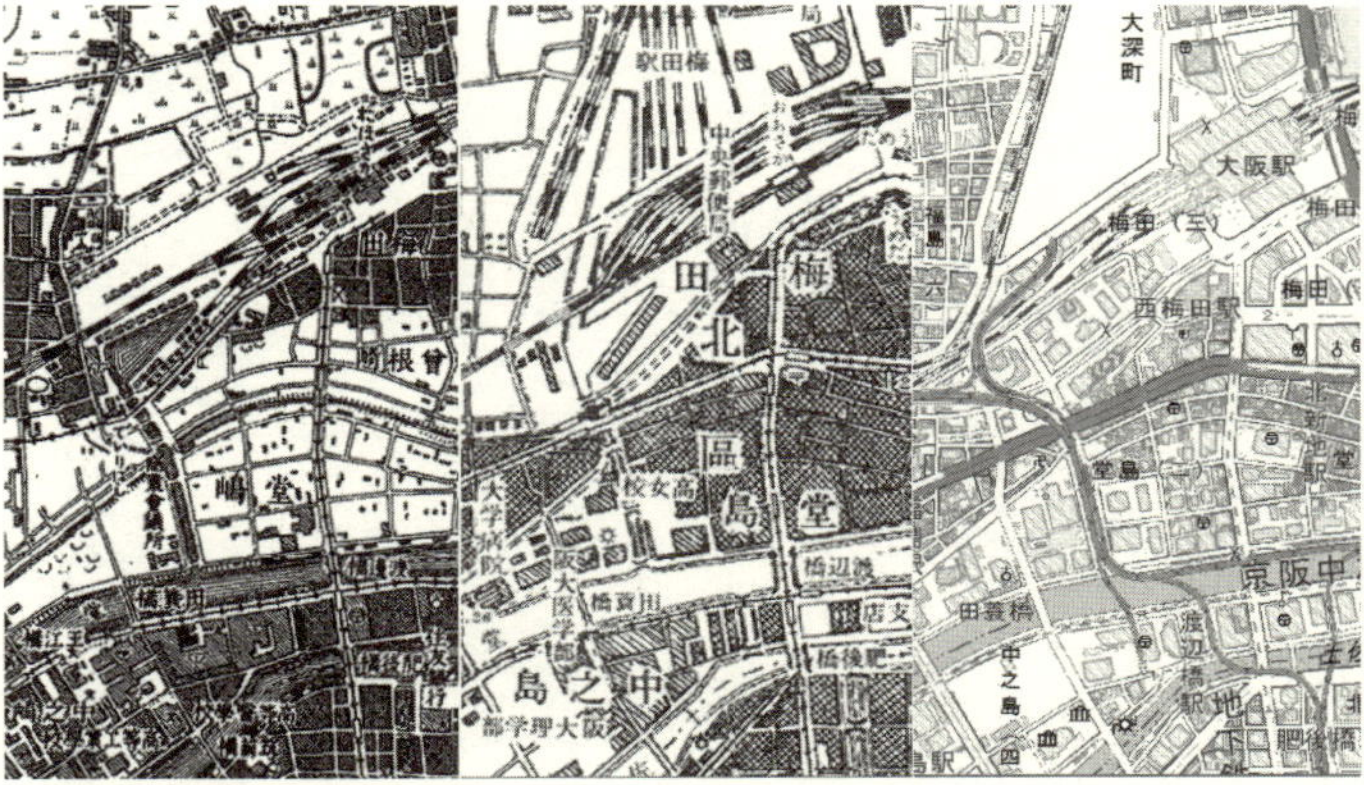

大阪駅一帯の比較図。左から1911（明治44）年発行、1932（昭和7）年発行、現行の地図。明治期には大阪駅の南側まで伸びていた運河が、昭和に入ると北側の貨物ヤードにまで達していることがわかる。（時系列地形図閲覧サイト「今昔マップ on the web」（©谷謙二）により作成）

その地に貨物ターミナルがあった名残はますます失われていくだろう。しかし、大阪駅周辺には、ホーム西端にある貨物用エレベーターの跡以外にも、少なからず残っている。

その一つが、交差点名にもなっている出入《でいり》橋だ。出入橋とは、梅田入堀に架かっていた橋で、梅田入堀が埋められたことで役目は終えたものの、いまも橋の姿だけは残っている。

また、梅田入堀の上を走る高速道路は、かつての入堀の流れと同じカーブを描いている。出入橋の交差点に立って高速道路を見上げると、かつての水路の流れがよくわかる。

出入橋の近くには、出入橋きんつば屋という人気店がある。一九三〇（昭和五）年創業で、梅田貨物駅で働いていた人たちが、仕事のあとに行列をつくっていたという。

福島駅発の切符を買うと、「(環)」という字が表記される不思議

福島
ふくしま
Fukushima

駅で乗車券を購入すると、通常は片道分の小さな乗車券をもつことになる。近距離券売機で発見されるものは、印面がベージュ色をした小型券だ。

一方、入場券を購入したり、遠距離乗車したり、特急列車に乗ったりする場合は、窓口で乗車券を購入しなければならない。各駅にあるみどりの窓口である。このとき渡されるのは、印面が緑の大きな乗車券だ。大阪環状線の一周切符などもこの形である。

この緑の乗車券を福島駅で購入すると、あることに気づく。乗車駅の「福島」の前に「(環)」と書かれているのだ。大阪環状線の駅であることを示す記号であることは推測できるが、大阪駅や京橋駅など、ほかの駅で購入した乗車券には書かれていない。

東北本線の福島駅と区別するためにある記号

「(環)」の記号があるのは、ＪＲにあるもう一つの同名駅と区別するためである。それは、ＪＲ東北本線の福島駅。福島県の県庁所在地がある場所だ。

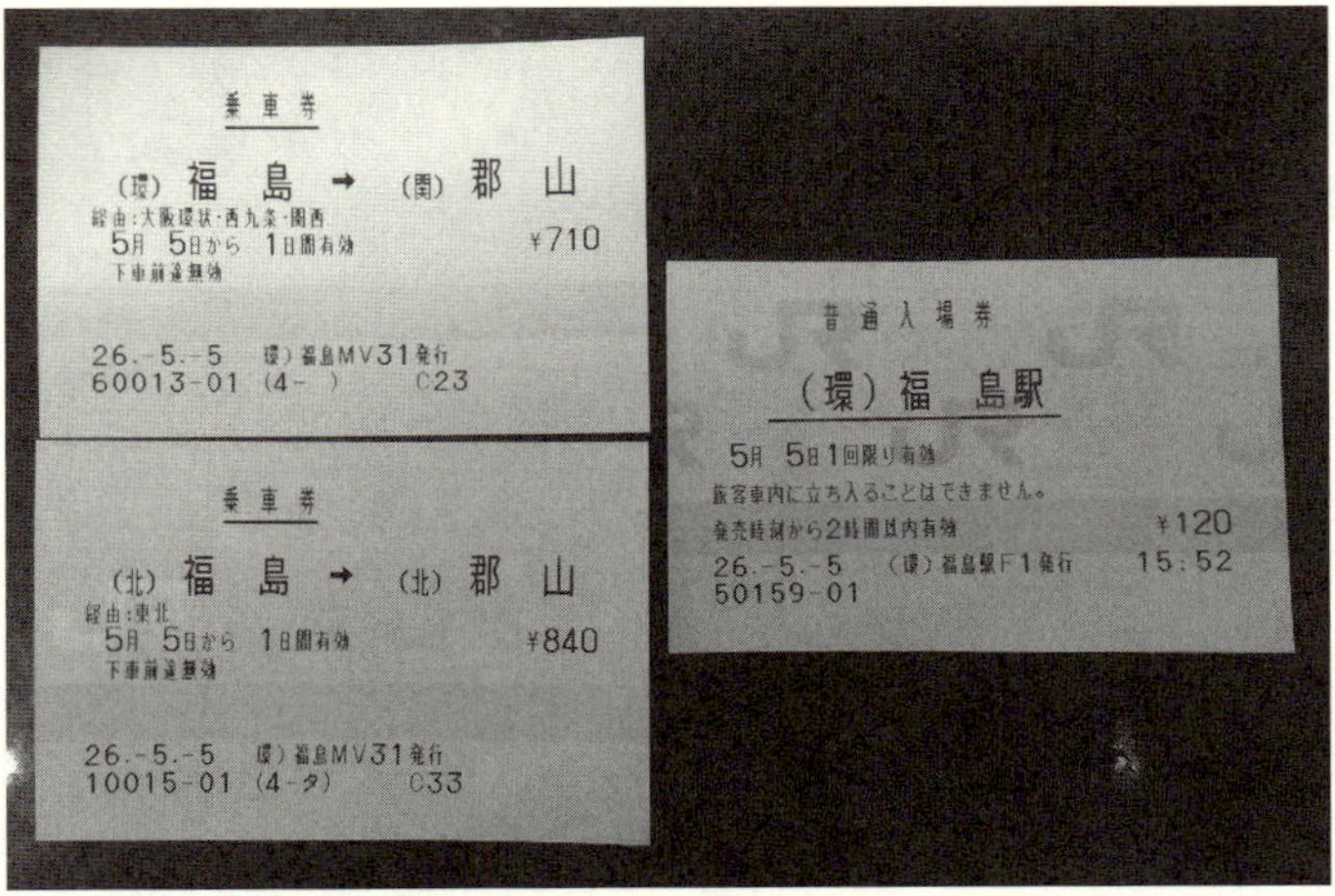

福島駅で購入した緑の乗車券。東北本線の福島駅と区別するため「(環)福島」と書かれている。

ＪＲでは駅名の重複を避け、基本的に同名の駅がないようになっている。地名が同じだとしても、埼玉県の川口駅と福島県にある只見《ただみ》線の会津《あいづ》川口《かわぐち》駅などのように、旧国名を冠して同名駅と区別しているのだ。

しかし福島駅の場合は、なぜだか「摂津《せっつ》福島」「大阪福島」とはならなかった。そのため、運行上の区別が必要になり、乗車券に「(環)」という記号がつけられるようになったのである。同様に、東北本線の福島駅でも、駅名の横に「(北)」という記号がつけられている。

福島駅だけでなく、大和路線(関西本線)の郡山《こおりやま》駅も同様だ。福島県にある東北本線の郡山駅と区別するため、乗車券には関西本線の「(関)」が記されている。

野田駅の線路脇にある長〜いスロープはいったいナニ？

野田
のだ
Noda

大阪環状線の野田駅は、高架にある一面三線の島式ホームである。内回り線と外回り線がホームを挟み、その外側に梅田貨物線の線路が通っている。このホームの東端に立って外回り線側を見ると、梅田貨物線の向こうにもう一線分のスペースが見える。その空間は、すぐに同じ高架橋から分離し、スロープとなって地上へと続いているようである。

その正体を確かめるために駅の外の地上から見ると、高架下には飲食店が多数入っているが、もっとも外側のスロープは西九条方面へいくにしたがってゆっくりと高さを下げ、地上に達していることがわかる。果たして何のためのスロープなのか。

その答えが、駅の南東約五〇〇メートルの場所に広大な敷地を構える大阪中央卸売市場（以下、市場）である。野田駅に残っている長いスロープは、かつて市場と野田駅をつないでいた貨物線の跡だ。

かつての貨物線の跡が市場へと続く

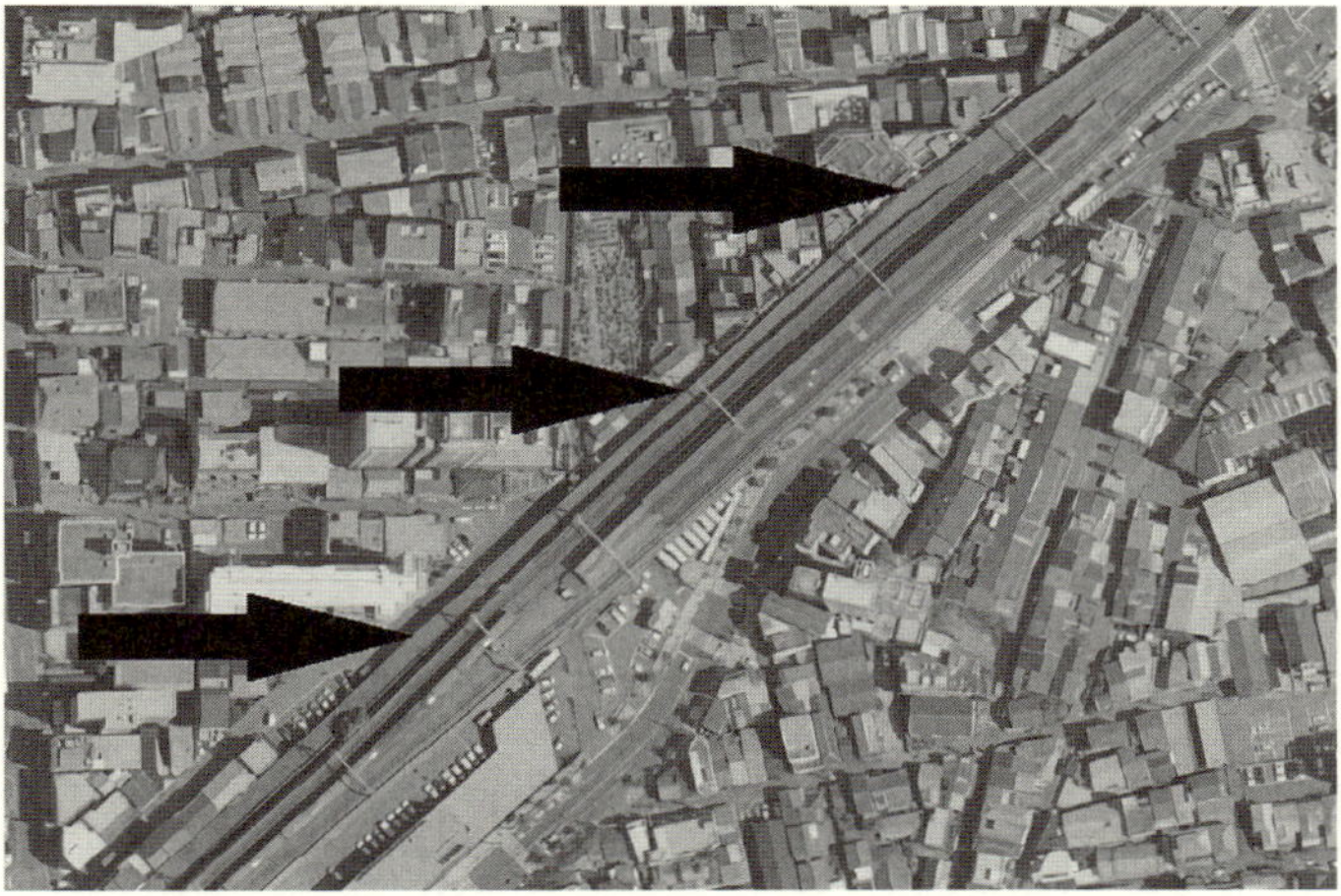

野田駅の航空写真。並んだ矢印で示してあるところが、環状線の高架から地上へ延びているスロープである。（国土地理院航空写真を改変）

この市場は一九三一（昭和六）年に開場した。一二万六〇〇〇平方メートルという広大な敷地から、当時「東洋一の規模」といわれたという。その最寄り駅となったのが野田駅で、野田駅から市場内の「大阪市場駅」までの一・五キロメートルを「大阪市場線」と呼ばれる貨物線が走っていたのである。

大阪市場線の開業は、市場の開場と同時である。大阪環状線（当時・西成線）を走ってきた貨物列車は、野田駅で分岐して高架を下る。そして高架に沿って走ったあと、高架を斜めにくぐりぬけ、急な曲線を描きながら市場へと向かった。市場内に入った貨物線は、突き当りでスイッチバックのような形で逆行し、「て」の字を描くように進んで「大阪市場駅」へと至っていたのである。

この大阪市場線の貨車には、東北や九州など全国から運ばれてくる鮮魚や青果がいっぱいに積まれて市場へ向かった。また野田駅に戻ってきた大阪市場線の列車からは、魚の香りを漂わせた竹かごを背負った人が何人も降りてきていた。

だが市場とともに発展してきた大阪市場線も廃線を迎える。昭和四〇年代になると、輸送の主力は鉄道からトラックへとシフトし始めた。一九六〇（昭和三五）年には貨車で市場へ輸送されてきた貨物は二二万トンだったが、一九八三（昭和五八）年にはわずか一万八〇〇〇トンにまで減少したのである。業者は市場の東側にある駐車場へ車で物を運ぶようになり、大阪市場線は使われなくなっていったのだ。こうした時代の流れのなか、一九八四（昭和五九）年、大阪市場線はついに廃線となったのである。

廃線となった貨物線の跡は、ところどころわかりづらくなっているが、野田駅の場合は、スロープの下に飲食店などが入っているため、高架を壊すことができず、いまもその姿を留めている。さらに、地上に降りてから市場へと続く線路の跡は「野田緑道」という遊歩道になっていて、細長く市場前まで延びている。途中、遊歩道が大きく弧を描いているのは、貨物線がカーブをして市場へと向かっていたからだ。のんびり市場まで歩きながら、かつて蒸気機関車が走っていた線路跡をたどってみるのもいいだろう。

野田駅から延びる大阪市場線跡

野田駅の南側には大阪中央卸売市場があるが、かつてはここへ向かって引き込み線が延びていた。現在、南側の部分のみ野田緑道という遊歩道になっている。（Map Data:©OpenStreetMap）

野田駅の南にある大阪中央卸売市場。かつては大阪市場線で荷物を引き込んでいたが、現代ではトラック輸送に替わった。

えっ⁉ 弁天町駅では環状線の高架の上を地下鉄が走る⁉

地下鉄といえば、地下トンネル内を走るのが当然だと思っているだろう。ところが弁天町駅では、地下鉄中央線が高架となり、大阪環状線の上をまたぐという不思議な光景が見られる。大阪環状線も高架を走っているので、本来なら地下を走るはずの地下鉄が、高架である大阪環状線の上、つまり三階部分を走るという、本来の上下が逆さまになる珍現象が生じているのである。

地下鉄弁天町駅は、地表面からの高さでいえば日本一高い地下鉄駅になる。

このような奇妙な構造になったのは、周辺の地形に理由があった。弁天町駅付近の地盤が弱く、地下を掘ることが困難だったのである。つまり地下鉄をつくることができない地盤だった。

それに加え、ここから西側の臨海部は埋め立て地であるため、地盤沈下が起きる恐れもあった。また高潮の際にも地下鉄では被害が出るため高架化したのである。臨海部に近い弁天町ならではの理由だ。

弁天町
べんてんちょう
Bentenchō

弁天町駅では、写真の手前から奥へ延びる大阪環状線の高架に対し、そのさらに上を地下鉄中央線の高高架がまたいで交差している。

地下鉄中央線は、一九六二（昭和三六）年の開業時から一部が高架を走っており、利用者から「港の見える地下鉄」と呼ばれていた。今ではコスモスクエア～長田《ながた》間の一七・九キロメートルのうち、大阪港駅、朝潮橋《あさしおばし》駅、弁天町駅、九条駅の四つが高架駅となっている。

しかも大阪港駅、朝潮橋駅、弁天町駅の三つは、ホームが高架にあることを利用して、津波などの災害時に避難所として指定されている。弁天町駅だけでも一五〇〇人ほどが避難できるという。

本来の地下鉄は、津波が起きれば真っ先にそこから出なければならない場所だが、逆に避難者を受け入れる場所になっているのである。

内回りホームだけが三階に追いやられている今宮駅の謎

今宮
いまみや
Imamiya

大阪環状線うち、大阪駅や天王寺駅など大きな駅を除いて、ほとんどの駅のホームはシンプルな構造である。野田駅のように一つのホームの両脇に外回り線、内回り線が発着する〝島式ホーム〟や、桃谷駅のように二つの線路を両脇からホームで挟み込む〝相対式ホーム〟などがほとんどだ。

しかし、今宮駅だけは複雑な構造をしている。外回り線と内回り線が違うフロアを走っているのである。三層構造の駅舎のうち、二階部分には弁天町駅や大阪駅へ向かう外回り線とＪＲ難波駅へ向かう大和路線（関西本線）上り線、さらに天王寺駅や奈良駅へ向かう下り線が発着するが、内回り線だけが三階部分にある。内回り線も大和路線の下りと併走して天王寺駅へと向かうにもかかわらずだ。

この不思議な構造であるため、天王寺方面へ向かうときにとりあえずホームへ行き、大阪環状線、大和路線にかかわらず先に来た列車に乗る、という方法ができない。しかも、三階部分とつながっているのは、内回り線と大和路線の上り線が発着する二・三番線ホームだけで、肝心の下り線ホームと乗り換えるには一階部分まで降りなければならないのだ。これでは外回り線と大和路線の下り線を自由に行き来することは難しい。

大阪環状線の駅ではなかった今宮駅

今宮駅が不思議な構造をしているのには理由がある。もともと大和路線の駅だったため、一九九七（平成九）年より前までは、大阪環状線は停まらなかったのだ。これは、隣の新今宮駅との距離が近かったためで、内回り線は芦原橋→新今宮→天王寺と停車し、大和路線下り線は湊町（現・JR難波）→今宮→天王寺と停車駅を分けていた。

今宮駅には大和路線のホームしかなかったわけだが、一九八九（平成元）年に湊町駅を今宮駅寄りへ移転し、一九九六（平成八）年に地下化する工事を行なったことに合わせ、今宮駅の改良工事が行なわれる。そこで大阪環状線も停車できるよう、ホームを増設することになったのである。

しかし、今宮駅の立地に増設の余裕はなかった。大和路線と大阪環状線の分岐部分にあり、かつ住宅地に挟まれているため、横方向に用地を増やすことが困難だったのである。そのため、大阪環状線のホームは上に増設せざるを得ず、結果として現在のような多層構造の駅になったのだ。

天王寺の駅ビルのなかに なぜか南海グループの店舗がある

天王寺
てんのうじ
Tennōji

天王寺駅は、大阪環状線の前身である大阪鉄道が一八八九（明治二二）年に湊町（現・ＪＲ難波）～柏原間を開業したときに設置された駅である。上町台地を横切るように掘割の中に線路がつくられたため、ほとんどが高架を走る大阪環状線のなかで、昼間でも少し暗いところが特徴的である。乗り場には一番線から一八番線が並び、大阪環状線だけでなく、阪和線や大和路線（関西本線）へ乗り入れる列車が多く発着している。

この天王寺駅のホームの上には、「天王寺Ｍｉｏ」が建っている。ＪＲ西日本傘下の天王寺ＳＣ開発が運営している駅ビルで、一二階建ての本館と八階建てのプラザ館からなり、ファッションや雑貨、食品などさまざまなテナントが入る。

この天王寺Ｍｉｏの中に不思議な店がある。その店とは、「サンマルクカフェ　南海天王寺店」と「南海そば」だ。どちらも南海電鉄の子会社である南海商事グループが経営している店である。天王寺駅には近鉄や阪堺上町線などさまざまな路線が乗り入れているが、南海電鉄の路線はない。にもかかわらず、なぜ「南海」と冠する店があるのか。

南海天王寺支線跡

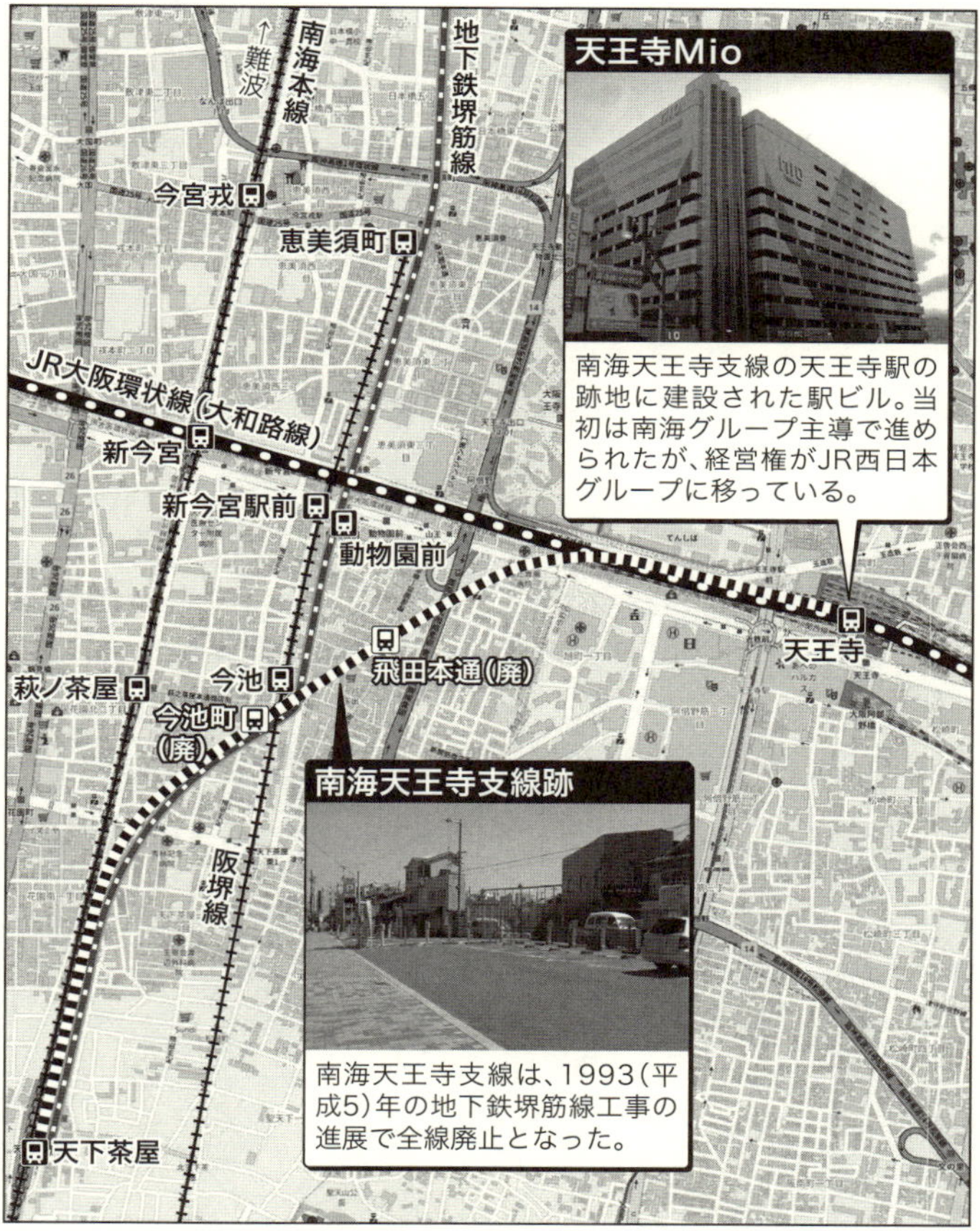

天下茶屋〜天王寺間を結ぶ南海天王寺支線が走っていたが、廃止となった現在、南海の天王寺駅跡地には駅ビル・天王寺Mioが建っている。(Map Data:© OpenStreetMap)

交通網が便利になったことによって廃止

ＪＲ西日本の駅ビルに南海グループの店が入っているのは、天王寺駅にかつて南海電鉄の路線が乗り入れていた証である。一九〇〇（明治三三）年に開業し、一九九三（平成五）年に廃止された天王寺支線だ。天下茶屋《てんがちゃや》駅から北東へ線路を延ばし、今池町《いまいけちょう》駅、飛田《とびた》本通《ほんどおり》駅を通って、そのまま天王寺駅へ乗り入れるルートだった。

南海電鉄は一八八五（明治一八）年に難波～大和川（のち廃止）間で開業した路線である。設立当初は阪堺《はんかい》鉄道という社名だった（一八九五年から南海鉄道、一九四七年から南海電鉄に改称）。難波駅がターミナルだったため、大阪駅方面へは路線がなかったことから、一八九五（明治二八）年に開通していた大阪鉄道梅田線（現・大阪環状線）に乗り入れ、大阪駅まで直通運転する目的で天王寺支線をつくった。そして翌年には早くも南海住吉～大阪間の直通運転が始まった。当時は大阪鉄道に新今宮駅はなく、南海の旅客は乗り換えにも天王寺駅へ行く必要があり、多くの人々に利用された。

長年にわたって活躍した天王寺支線だったが、昭和四〇年代から旅客が減少していった。大阪環状線に新今宮駅が新設されて南海本線からの乗り換えが便利になったからだ。また昭和五〇年代に入ると、天王寺支線とほぼ平行する大阪市営地下鉄堺筋《さかいすじ》線の延伸ルート

天王寺駅にはかつて南海天王寺支線が乗り入れていた。写真は、天王寺〜飛田本通間を映した一枚。

（動物園前〜天下茶屋間）が具体化し始め、いよいよ天王寺支線の存在価値は薄れていった。そして一九八四（昭和五九）年に天下茶屋駅の高架化工事に合わせて天下茶屋〜今池町間が、一九九三年に今池町〜天王寺間が廃止となったのである。

この南海天王寺支線の跡地は、いまだ明瞭に残っている。線路跡は一部が山王みどり公園になっているほか、フェンスに囲まれた空き地が多く、線路が敷かれていた面影を偲ぶことができるだろう。

また天王寺Ｍｉｏは、天王寺支線の駅があった場所にあたる。線路跡と違って当時の面影はないが、南海とついたテナントは、かつて南海電鉄が乗り入れていたことを示す唯一の名残である。

寺田町駅のホームの壁に古ぼけた駅名標があるのはなぜ？

寺田町
てらだちょう
Teradachō

寺田町駅には、長年にわたって人知れずひっそり眠っていたものの、現代になってよみがえった鉄道遺産がある。それは外回りホームの壁にある古めかしい駅名標である。これは二〇一五（平成二七）年に行なわれたリニューアル工事の際、外回りホームの壁面の広告枠を外したところ発見されたものだ。木の壁に直接筆文字で書かれた駅名標で、手書きの文字が何ともレトロだ。

「てらだちょう」のひらがな表記のうち、「よ」の字が大きく、また天王寺区の「區」も旧字体であるところが時代を感じさせる。いまと同じで左から右へ書かれているところが妙な取り合わせだが、じつはうっすらと昔の書き方である右から左への横書きされた形跡も残されている。文字を左から右へと書くようになったのは、戦後の一九四六（昭和二一）年以降で、區が区へ改められたのは一九四八（昭和二三）年の当用漢字表発行以降。つまり、それ以前に駅名標はあったが、この二年間のうちに左書きへ改めたものだということがわかる。いわば戦前から戦中、戦後の困難期を乗り越えてきた駅の歴史を見守って

寺田町駅の壁から発見された昭和期の駅名標。現在は外回り線ホームの壁に展示されている。

きた駅名標というわけだ。

博物館ではなく駅に展示

大阪環状線の歴史を物語る貴重な鉄道遺産であるが、この場所に飾られているのにも理由がある。

壁から発見された当初は、京都鉄道博物館で保存することも検討されていた。しかし、地元の方から寺田町駅で残してほしいという要望があったほか、ＪＲ西日本としても寺田町駅を使う多くの人々に見てもらい、駅に愛着をもってもらえたほうがよいと考え、ホームの壁に保存されることになったのである。

現在では、紹介文とともに外回りホームで見ることができる。

駅？　店舗？　改札を出たら書店に迷いこむ鶴橋駅の怪

鶴橋
つるはし
Tsuruhashi

鶴橋駅には、大阪環状線のほかに近畿日本鉄道の大阪線、奈良線、難波線の列車が乗り入れている。また地下鉄千日前線も通っており、交通結節点となっている。駅の二階部分に東西方向に走る近鉄線があり、そのさらに上に大阪環状線が南北方向に走っている。

この鶴橋駅には、ほかの駅にはない魔訶不思議な出口がある。駅の改札口を通ったはずなのに、書店の中に迷いこんでしまうのだ。

それは、大阪環状線のホームから階段を降りた先の二階部分にある改札口。自動改札機の上には「ＢＯＯＫ・ＯＦＦ」の看板がかかっており、その向こうには本棚が並べられ、店員や客の姿が見える。駅の案内図を見ると、この改札口は北口や東口などではなく、「ＢＯＯＫ　ＯＦＦ 改札口」と表記されている。

この場所は、もともと「鶴橋駅デパート」と呼ばれた小さな店舗が軒を連ねた駅ビル内の商店街だった。改札口は、一九九八（平成一〇）年二月に鶴橋駅デパートへの入り口として設置されたが、やがてデパート事業が撤退。代わりにブックオフがテナントとして入

鶴橋駅の中二階にある改札口。自動改札機の先は、ブックオフの店舗の中へそのまま通じている。

ったのである。

では、このブックオフへ行くには、自動改札機を通らなければならないのか。じつは、店舗の反対側には外へ通じる出入り口が設けられている。つまり普通に外から店舗に入り、買い物を済ませたらそのまま自動改札機を通って駅構内へ行くことができるのである。

ここで注意しておきたいのが、ブックオフ店内には券売機や精算機がないことである。駅構内へ行くには、自動改札機にICカードをタッチして入場するほかない。ICカードの残高が足りないと、一旦店舗を出て外から回り、鶴橋駅にある券売機でチャージしなければならない。切符を購入したい場合も同様だ。

そのためか、この改札を利用するのは、定期券をもっているなど、出入りが自由にできる人がほとんどだという。しかしながら、なかには珍しい体験をしてみたいと、わざわざ駅のなかから外へ通り抜けるだけの人もいるという。

二社が入り乱れる連絡改札

ブックオフ改札のほかにも、鶴橋駅の改札口には特徴がある。大阪環状線と近鉄線の乗換駅であるため、三階部分に両社の連絡改札口がある。環状線の外回り、内回りホームを両側から挟み込む形で自動改札機が並んでいる。

ここで特徴的なのは、両社の担当領域が複雑にからんでいることだ。一般的には、連絡改札口はどちらかの鉄道会社が担当するものだが、利用者の多い鶴橋駅では、ＪＲまたは近鉄の切符をもっていない旅客のため、両社が改札業務を行なっている。

環状線外回りホーム側の連絡改札口では、ＪＲ側に近鉄の有人窓口と券売機があり、近鉄の特急券などを購入できるようになっている。一方の改札口を挟んで近鉄側にも、ＪＲの券売機がある。環状線内回りホーム側にも近鉄の券売機があり、反対のＪＲ側にはＪＲの有人窓口と券売機がある。

ふだんはライバルの両社が、ここではサービス向上のために協力し合っている。

京橋駅ホームの石積みが、上下線で色が異なる理由とは？

京橋
きょうばし
Kyōbashi

京橋駅のホームに立ち、向かい側のホームの土台を見てほしい。もし内回り線のホームを見ているのであれば、そこにはくすんだ色の古い石積みが見えるだろう。だが、これが外回り線のホームであれば、同じような石積みだが、表面が白く塗られてきれいな印象である。同じ京橋駅にあるホームだが土台が違うのだ。

なぜ外回りの石垣だけが白く塗られているのか。その理由は、京橋駅で起きた悲しい出来事が関係している。

その惨劇が起きたのは、終戦のわずか一日前、一九四五（昭和二〇）年八月一四日である。米軍のB29から落とされた一トン爆弾が、多くの人でごったがえす京橋駅を直撃したのである。米軍の標的は大阪城内にあった大阪陸軍造兵廠だったが、流れ弾の一トン爆弾が四発、京橋駅にも落ちたのだ。

突然の爆撃に、駅は大混乱となった。電車から降りた乗客は「逃げてください」という職員の声に導かれ、必死に逃げ場を探す。そして多くの人が逃げ込んだのが、高架の真下

京橋駅の内回り線ホーム（左）と外回り線ホーム（右）の石積みを比べると、外回り線だけが白く塗られていることがわかる。（提供：山本麟太郎）

にある片町線（学研都市線）ホームだった。ここは、石垣で囲まれていた場所だったので、爆風を避けられる安全な場所だろうと誰しもが考えたからだ。

ところが、無情にもB29から投下された爆弾が片町線ホームの真上で炸裂したため、爆風が吹き抜けた。避難していた多くの人が爆風で吹き飛ばされるか、崩れた石垣につぶされて、がれきの下に埋まってしまった。

死者は、名前のわかっている人だけで二〇人、名前さえわからないままの人は五、六〇〇人にも上った。

この爆撃によって、外回り線の石垣はがれきと化した。それを新しく積み直し、表面を白く塗ったためきれいに見えるのである。一方、内回り線の石垣は崩壊をまぬがれたため、戦前のままの姿を保っている。

爆撃被災者を慰霊するために

京橋駅の南口の一角には、この惨劇を伝える説明板がある。そして、その下には釈迦牟《しゃかむ》尼仏《にぶつ》尊像などの慰霊碑が並んでいるが、その中の一つに「南無阿弥陀仏」と刻まれた高さ一・八メートルほどの墓石型の石塔がある。これは、大東市に住んでいた個人が私費を投じて建てたものだという。

空襲の翌年、1946（昭和21）年6月の京橋駅。残された駅舎のがれきが爆風の激しさを物語る。

その男性はこの日、偶然にも京橋駅に居合わせ、多くの人の命が一瞬にして失われるという惨状を目の当たりにしていた。そして、何か自分にもできることはないかと考え、一九四七（昭和二二）年八月一四日に慰霊碑を建てたという。

以降、毎年、八月一四日には、遺族と京橋駅の関係者などにより、慰霊祭が行なわれている。

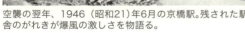

司馬遼太郎は「恥ずかしいから」と、大阪城公園駅の詩を断っていた

大阪城公園
おおさかじょうこうえん
Ōsakajōkōen

大阪の街の歴史的シンボルといえば、何といっても大阪城である。豊臣秀吉が築城し、次いで近世には大坂の陣のあとに徳川家が入城して大坂支配の拠点とした。そして近代には軍事施設になるなど、日本史のど真ん中に位置していた。

その大阪城の最寄り駅が、大阪環状線の大阪城公園駅だ。一九八三（昭和五八）年に、大阪築城四〇〇年まつり（大阪城博覧会）に合わせて新設された、大阪環状線のなかでもっとも新しい駅である（今宮駅は大和路線だったので除く）。

大阪城という歴史的名所の最寄り駅であるだけに、駅舎にはふさわしい工夫が凝らされている。改札口を出て正面を見ると、切符売り場の上の壁に、巨大な陶板レリーフが飾られている。これは日本画家の西山英雄の手による『なにわの精華』という作品。三部作構成とし、もっとも目立つ合戦の絵を正面に据えた。

大阪城公園駅の工夫はこれだけではない。絵画と反対の壁、すなわち改札口の上には、大阪で生まれの歴史作家・司馬遼太郎の壮大な詩が刻まれているのだ。「おごそかなこと

東側から空撮した大阪城公園。内堀に囲われた大阪城の北東には、大阪城ホールや野球場がある。駅はそのすぐ東側。

に、地もまたうごく」という一節からはじまる詩は、大阪が内海（河内湾、一六五ページ参照）だった頃から第二次世界大戦までの大阪の歴史を記している。

この詩について、興味深い事実がある。じつは、日本交通文化協会から依頼された当初、司馬遼太郎は辞退していたというのである。『司馬遼太郎全集　第六十八巻』にある「草するにあたって」というエッセイのなかで司馬は、「最初、気はずかしかった。そのため再三おことわりした」と記しており、何度も断っていたことがわかる。

だがそのあとに「断るたびに、心の奥からこの地への感情の湧きおこるのをおさえかねた」として依頼を受けたと述べており、司馬の大阪愛がみてとれる。

大阪城公園駅のコンコースに飾られている日本画家・西山英雄の『なにわの精華』。写真は三部作のうちの1つである「しづがだけかっせん(賤ヶ岳合戦)」。

司馬遼太郎が書いた詩「大阪城公園駅」。先史時代からの大阪の歩みが叙情的に表現された名文である。

第三章

意外な見どころ大発見！沿線㊙スポット探索

梅田の北側にある道路脇の鉄橋は、ニッポン最古！

大阪
おおさか
Ōsaka

大阪駅の北側には、世界的な観光スポットである梅田スカイビルが建っている。二つのビルを空中庭園で連結させたり、空中にエスカレーターをつくったりといった独特の構造から、イギリスの新聞「タイムス」によって、パルテノン神殿やサグラダファミリアなど歴史的建造物と並んで「世界を代表する二〇の建造物」の一つに選ばれた。

大阪駅の近くには、この梅田スカイビルのほかにも特徴的な建築物がある。それは梅田スカイビルの北側、国道一七六号が淀川を十三《じゅうそう》大橋で渡る直前にある。

この十三大橋を通る直前、道路の左側に目を向けてもらいたい。左側には側道が通っているが、この側道に架かっている橋がやけに重厚である。ただの車道の橋であれば、外側に細い柵をつけるくらいが普通だが、側道の橋の場合は柵の外側に巨大な鉄の骨組がついているのだ。

この橋の名前は、浜中津《はまなかつ》橋という。このような鉄の骨組がついているのは、かつて鉄道橋だったからだ。確かに、この巨大な鉄の骨組を見れば、鉄道車両が通っていたことも理

大阪駅の北側、阪急の中津駅の近くにある浜中津橋。細い道路橋にもかかわらず、柵の外に巨大な鉄の骨組がついた不思議な形をしている。

解できる。では、浜中津橋はいったい何線に使われていた橋だったのだろうか。

この浜中津橋が使われていたのは、一八七四（明治七）年に開通した大阪〜神戸間（現・神戸線）であった。この明治初期という年代から逆算すると、浜中津橋は日本で現存するなかでは最古の鉄製鉄道橋となる。大阪駅の近くに日本最古の橋があったとは驚きだ。

日本初の鉄橋は、イギリス人技師のジョン・イングランドが設計したもので、イギリスのダーリントン・アイアン社にて製造され、水戸川《みとがわ》橋梁や下神崎川《しもかんざきがわ》橋梁、武庫川《むこがわ》橋梁、そして下十三川橋梁に架けられた。大阪駅近くの浜中津橋は、この下十三川橋梁が転用されたものだったのである。

この四つの橋はみな、細長い部材を用いて三角形を構成しながら組み立てた〝トラス橋〟という橋梁だ。上と下に上弦材と下弦材と呼ばれる部材を平行に配置し、間に用いる斜材の向きを交互にしたワーレントラスと呼ばれるタイプで、トラス部分に「W」の字が連続するのが特徴である。このタイプの場合、通常は両端にあたる端柱は斜めになるが、この四つの橋はみな端柱が垂直である点が独特だった。

ただ、これらの橋梁は時代が下るにつれ、鉄道車両の大型化（重量の増加）などに対応するためいずれも大阪～神戸間の線路からいつの間にか撤去されていた。いくつかは道路橋に転用されたという情報だけがあったが、それがどこなのかわからなかった。

だが、一九八七（昭和六二）年、鉄道橋梁の研究家グループの手によって、浜中津橋が、かつての下十三川橋梁だったことを発見したのである。調査によると、下十三川橋梁として一九〇九（明治四二）年まで使われ、その後は新淀川の開削によって、道路橋として長柄橋と十三橋に転用。さらに一九三五（昭和一〇）年に十三橋が架け替えられることになり、すぐ横にある側道用に転用された。それが現在の浜中津橋である。

二度も転用され、それでもなくならなかった浜中津橋。明治初期につくられた日本最古の鉄製鉄道橋は、その経歴から、産業遺産に登録しようという動きもあるという。廃線などではなく、現役の道路橋として使われている点が珍しい。

気軽に河底ウォーク！　安治川の下にあるすごいトンネルとは？

西九条
にしくじょう
Nishikujō

西九条駅を降り、阪神なんば線の高架を横目に駅前の大通りを南下すると、安治川に至る。ここに四階建ての鉄筋コンクリートの建物が現われる。何かの店舗というわけでもない古ぼけた建物ながら、多くの人がこの建物に吸い込まれていく。

ここは市民の大切な足の一つ。建物は川底に向かうエレベーターの建屋であり、その先には、珍しい川底を潜り抜ける「安治川トンネル」が延びている。北側の西九条エリアと南側の九条エリアを結ぶ道だ。

安治川には、明治期にマストの高い船でも橋に関係なく通れるよう橋脚を支点として橋桁が回転する仕組みの安治川橋が架けられたが、洪水の折に二次災害に繋がるとして撤去されていた。だが、橋がないと安治川を渡れないわけではなく、両岸の行き来は源兵衛渡《げんべいわたし》と呼ばれる渡し船が担っていた。

それでも昭和期になると、陸上交通が盛んになり渡し船の輸送量も限界に達した。需要に対応するために渡し船を増やすと、安治川を上下に航行する大きな船を遮って邪魔になる。このことから、架橋を求める声が高まった。しかし、橋を架ければ大きな船が通れず、橋脚を設けないようにするためには橋を高い位置に架けなければならず、その高低差ゆえ地元の足としては敬遠されるため、意外な方法が考え出される。それが日本初となる沈埋《ちんまい》工法を用いた安治川トンネルである。川の上がダメなら河底に通路をつくろうという発想だった。

日本初の沈埋工法でつくった河底トンネル

沈埋工法とは、トンネルを設置する河底に溝を設け、地上で製作したトンネルをそこへはめ込んで接続する工法である。一九三五（昭和一〇）年に着工し、戦況の悪化もあり完成が危ぶまれたが、それでも一九四四（昭和一九）年に完成した。

総工費は当時二六〇万円（現在の金額で約七〇億円）もかかっており、大工事だったことがわかる。完成した安治川トンネルの総延長は、約八〇メートルで、二車線と歩道が設けられた。当時の技術の粋を集めて完成した最先端をいくトンネルだった。

当初は車両も通行可能で、大型トラックもエレベーターに乗ってトンネルまで降り、そこからトンネル内を走行することも可能だった。だが、近くに橋ができたことやエレベーターを待つ車列が引き起こす渋滞問題、トンネル内の排気ガスの問題もあり、一九七七

安治川の河底に設えられた安治川トンネル。1日あたり5000人もの利用者のために、24時間体制で警備員が常駐している。

（昭和五二）年に車道は封鎖された。現在は車道と車両用のエレベーターは封鎖されており、今後も車用のトンネルを使う予定はない。

徒歩と自転車用のエレベーターとトンネルはいまも現役である。二四時間通行可能（エレベーターのみ六時から二四時まで）で、保安のために監視員が三名以上常駐している。建設から八〇年近くも経つが、大阪市建設局によると、五年に一度の法定点検を実施して老朽化を未然に防いでいるためか、浸水被害などは起きていない。

一日あたり約五〇〇〇人が利用するこのトンネルは、地域の生活を支える足として九条、西九条の人々に欠かせないものだったのである。

弁天町
べんてんちょう
Bentenchō

日本一低い山・天保山は、かつて標高二〇メートルもあった!?

弁天町駅から地下鉄中央線で二駅西へ行くと、大阪港駅に至る。駅一帯に広がる天保山《てんぽうざん》エリアは、大阪の人気スポットの一つだ。大観覧車や世界最大級の水族館である海遊館《かいゆうかん》、ショッピングやグルメが楽しめる天保山マーケットプレイス、さらには美しい夜景を見ることができるサンセット広場など、大人から子供まで楽しめる場所になっている。

そんな天保山エリアのなかで一番の名所が、施設名にもなっている「天保山」という山である。ところが現地に行っても、どこにも山らしきものは見当たらない。それもそのはず、天保山は標高わずか四・五メートル。三角点が存在する山の中では日本で一番標高が低い山なのである。低いとはいえれっきとした山であり、二つの登山ルートが設けられている。だが、公園入口から二分ほども歩けば、あっという間に頂上に到着。このあっけなさぶり、低さぶりが密かな人気を呼び、いまや大阪を代表する名所の一つとなっている。

四・五メートルという標高の低さが人気を呼んでいるが、じつはかつて標高二〇メートルほどもあったという。

五岳『大阪安治川天保山風景』（1834刊）。江戸時代は20mの高さがあったため、山のようにそびえて見えていた。（提供：大阪市立図書館アーカイブ）

川浚えの土砂から生まれた人工の山

天保山は、生駒山《いこまやま》や六甲山《ろっこうさん》のような自然にできた山ではなく、人工的につくられた。江戸時代の一八三一（天保二）年に、安治川の川浚《かわざら》えが行なわれた際、河底から取り除かれた土砂が積み上げられて誕生した山だ。このとき標高が二〇メートル程度だった。当時の海沿いにある二〇メートルの高台といえば、頂上から生駒山や金剛山《こんごうさん》、京都の比叡山《ひえいざん》などの山々が見え、淡路島や四国も眺めることができた。夜には、運航する船のために高灯籠が設けられていた。山には桜や松が植えられ、春には花見、夏は舟遊び、秋にはお月見なども楽しめたことから、天保の大浚いを記念して名づけられた「天保山」は浪速の新名所として庶民たちから親しまれた。

そんなのどかな天保山が様変わりしたのは、幕末のことだった。ペリーが黒船で来航した翌年の一八五四（嘉永七）年に、ロシアの軍艦「ディアナ号」が開国を求めて天保山沖にやってきたのである。このとき、大坂城代は天保山の山を大きく切り崩して砲台をつくり、各藩に布陣を命じた。これにより庶民の観光地だった天保山は、一気に海防の拠点へと様変わりした。

その後、明治期において再び行楽地となったものの、地下水の汲み上げなどによって地盤沈下が進んだため、さらに標高が低くなった。一九一一（明治四四）年に二等三角点が設置された時点での標高は九メートルであった。その後も軟弱な地盤のために地盤沈下は進んでいき、ついに一九八六（昭和六一）年には現在の標高四・五メートルになったのである。

あまりの低さゆえ、もはや山ではないとして、天保山は地図から抹消されてしまった過去をもつが、地元の復活運動で一九九六（平成八）年に山としての復活を遂げている。

四・五メートルしかない山だが、天保山商店街には登頂証明書を発行してくれる店舗もあり、珍しい観光地として多くの人々を迎えている。

まるで鉄の籠！　大正駅の横にある橋が四角い形をしているワケ

大正
たいしょう
Taishō

大正駅の前後には二つの川が流れている。大正〜芦原橋間にあり、ホームのすぐ東側を流れているのが木津川《きづがわ》で、弁天町〜大正間にあり、ホームから約二〇〇メートル西側には岩崎運河がある。大正駅に差し掛かる列車は、この二つの川を越えるために二つの橋を渡ることになるわけだが、これらの橋がなんとも不思議な形をしている。まるで巨大な四角い鉄の籠《かご》のように見えるのである。

木津川に架かる橋は木津川橋梁、岩崎運河に架かる橋は岩崎運河橋梁という。ともにダブルワーレントラスという同じ様式でつくられている。ダブルワーレントラスとは、一一八ページで紹介したワーレントラス橋と違い、上弦材と下弦材を結ぶ斜材を「X」形に交差させて主構を構成する特徴がある。

あまり例がない珍しい形式だが、この二つの橋はそれ以外にも特徴がある。曲線の部材を使っていないうえ、高さが一五メートル近くもある。この大きさと外観は、まさに四角い巨大な鉄の籠と呼ぶにふさわしいだろう。

ダブルワーレントラス橋が珍しいのは前述したが、それには理由がある。斜材が多すぎて橋が重くなるほか、材料費が高くなったり、かつ車窓の景観も悪くなったり、といった理由であまり採用されないのだ。では、なぜここではダブルワーレントラスにしているのか。しかも、巨大さを見る限り、相当な材料をこしらえたと見える。

大型化の必要と工期の短さから選ばれた設計

大正駅の前後二つの橋が、この形になったのには理由がある。

大阪環状線のこの区間は、大阪臨港線（今宮〜浪速間）の線路の一部を利用している。この大阪臨港線は、一九二九（昭和四）年に天保山地区の大桟橋や大阪内港が完成した際に合わせて建設された貨物線である。

この敷設の際に求められたのが、橋の長大化であった。大阪湾に至る大型船舶を通すために、木津川と岩崎運河に架ける橋にはともに橋脚を設けず、ひとまたぎで対岸まで渡さなくてはならない。トラス橋は、長くなるほど高さも必要になるので、大型となった。しかも、詳しくは伝わっていないが、何らかの理由で工期の短縮が求められていたようだ。早く完成させるには、何人もの技術者が集まって設計する必要があるので、できるだけ構造を単純化させる必要があった。その点、ダブルワーレントラスならば、使用する部材を

大正駅の東側に架かる木津川橋梁。西側にはもう１つの岩崎運河橋梁もある。全国的にも珍しいダブルワーレントラス橋であり、かつ籠のような外観。

共通化できるし、組み立ても簡略化できるなどのメリットがあったというわけである。貨物線の橋梁だったので、見た目より頑丈であることが優先されたという面もあるだろう。

実際、木津川橋梁は一九二二（大正一一）年七月に着工して翌年一二月に完成しており、一方の岩崎運河橋梁も一九二四（大正一三）年九月に着工して一九二六（大正一五）年二月に完成している。巨大な錚々たる橋が、ともに着工から一年半程度で完成しているのだから、かなりのスピードだ。

こうした理由から、巨大な鉄の籠のような橋が出来上がったわけだ。ほかではめったに見られない珍しい橋である。

大正
たいしょう
Taishō

京セラドームで禁止されている意外なコト

大正駅から尻無川《しりなしがわ》を挟んだ北側には、京セラドーム（正式には京セラドーム大阪）がある。大阪近鉄バファローズの本拠地として、一九九七（平成九）年に建設された日本で三番目のドーム球場だ。二〇〇五（平成一七）年からはオリックス・バファローズの本拠地となっている。施設内にはショッピングモールやフードコート、レストランもあり、野球ファン以外も楽しめる多目的ドームである。

このドームでは、野球の試合だけでなく、アーティストによるコンサートやイベントなどが行なわれている。このとき、ある〝行為〟が禁止されているのは有名な話である。その行為とは曲に合わせて観客が飛びはねる縦ノリジャンプ。ロック系のコンサートでは定番だが、いったいなぜ禁止なのか。

その理由は、ジャンプが地震を引き起こすからである。

きっかけは一九九九（平成一一）年二月の夕方。京セラドーム（当時は大阪ドーム）から数百メートル離れた家々で大きな揺れが起こった。普通に立っていられないほどの激しい揺れが、数時間に渡って断続的に続いたのだ。地震かと思ってテレビをつけてみても、何も報じられていなかったという。

観客の振動が地盤を伝わり家を揺らす

この揺れが起こったとき、京セラドームではあるロックアーティストのコンサートが五万人の観衆を集めて行なわれていた。このとき観客は、激しい曲調に合わせていっせいにジャンプを行なっていたのだ。

そして調査の結果、やはり揺れの原因は観客のジャンプにあったということがわかった。

京セラドームがある場所は、江戸時代には岩崎新田と呼ばれた埋立地である。もともと海だった場所を埋めた軟弱地盤であるため揺れやすい。ドームでのジャンプが、アリーナやスタンドの床を介して杭に上下方向の振動として伝播。それが周辺地盤にも伝わっていき、その振動と共振する建物が揺れていたのだ。

京セラドーム側ではこの事実を受けて一〇〇か所以上に振動を抑える装置を設置したほか、ジャンプを禁止している。また、ジャンプが行なわれそうな、激しい曲調のアーティストの出演は断ることもあるという。

玉造の「史蹟　真田の抜穴跡」は、徳川方が掘ったトンネルだった!?

玉造
たまつくり
Tamatsukuri

玉造駅から徒歩八分ほどの場所に宰相山《さいしょうやま》公園がある。大坂の陣が起こったとき、真田幸村《さなだゆきむら》が築いた出丸、通称〝真田丸〟があったとされる場所で、冬の陣のあとに出丸が破棄された際、東側に「松平加賀宰相」といわれた前田利常《まえだとしつね》が陣を敷いて残務処理にあたったことから、この名前がついたといわれている。

この宰相山の三光《さんこう》神社には、有名な「真田の抜穴跡」がある。これは幸村が大坂城からこの辺りまで掘ったとされるトンネル。戦場を駆け巡り神出鬼没とされた幸村が、徳川軍を煙に巻くため、あるいはいざ落城寸前というときのための逃げ道として用意したと伝わる。御影石で装飾されており、横には「史蹟」と刻んだ石碑と幸村像が建てられている。

一九三一（昭和六）年刊行の『大阪府史蹟名勝天然記念物』第五巻には、この穴のことを「真田の抜け穴と称す」とある。続けて、「全長五〇余間（約九〇メートル）あったが、明治一八年の洪水で中間が陥没してしまって、全部は通じなくなった。その後、（このままでは危ないとのことで）入り口に扉を設けて、堅く閉めてしまった」といった内容が記

玉造駅近くの三光神社境内にある真田の抜け穴。真田幸村が掘ったとされているが信ぴょう性は薄く、一説には徳川軍が掘った穴や単なるキツネ穴ともいわれる。

されている。

それでも太平洋戦争の直後までは、トンネルの名残があったものの、その後、危険を理由にして穴の残りの部分も住民によって埋められ、現在まで残っているのは一〇メートルの奥行きがある宰相山公園の穴のみになっている。

徳川説のほかにもキツネ穴説も登場

真田幸村が掘った抜け穴と伝わる一方で、岡本良一氏は著書『大坂城』(岩波書店)で、徳川方が掘った穴ではないかとの説を述べている。

岡本氏によると、大坂冬の陣では大軍で大坂城を包囲したものの、三方を川や海といった自然の要害に囲まれ、南には真田丸があり堅固な守りを敷いていたため、攻めあぐねた徳川家康は、密かに本丸まで地下道を掘り、そこで爆破してしまおうという大胆な計画を立てた。万一、地下道が完成しなくとも、わざと地下道を掘っていることを大坂城の人々に知らせることで、じわじわと心理的圧迫を与えられ、そろそろ精神的に限界だろうというところで和議を申し入れれば、豊臣方も応じるだろうとの作戦だった。実際、冬の陣では豊臣方は和議に応じているが、この家康の秘策が成功したからなのかもしれない。

となれば、大変な労力を用いても、家康が地下道を掘らせたということも考えられなくもない。家康は、鉱山開発に力を入れたので、当時、優秀な金掘衆を多数傘下に収めていた。こうした事情からも、徳川方が掘ったという説には一定の信ぴょう性があると見られる。

しかし、この穴を掘ったのは徳川方ではなく、ただのキツネであるという説もある。一七九八（寛政一〇）年の『摂津名所図会』では「此丘にも狐穴多し」と書かれているほか、一八〇〇（寛政一二）年に刊行された狂歌画本の『浪速の梅』でも、一帯について「狐の穴もあり」とあり、キツネ穴だったことが示されている。

この穴を掘ったのは真田か徳川か、はたまたキツネか。歴史ファンの間では人気の武将・真田幸村が関係しているだけにホットな場所である。

大阪城には、実際に使われた本物の地下トンネルが存在する!?

大阪城公園
おおさかじょうこうえん
Ōsakajōkōen

大阪城の抜け穴といえば一三〇ページの「真田の抜け穴」を連想するかもしれないが、じつは真田の抜け穴とはまったく別の抜け穴が存在する。

この抜け穴の存在が明らかになったのは、一九五〇(昭和二五)年のことである。大阪市立博物館の前あたりの土が少しずつ沈み、やがて長さ三メートルほどの範囲で、三〇〜四〇センチメートルも陥没してしまった。

そこは、大阪城の本丸入り口の桜門を通って天守閣へと通じる場所。驚いたのは管理していた大阪市である。慌てて調査したところ、本丸の地下には、大きなトンネルがあることが判明したのだ。このトンネルが崩壊したために、陥没が起きていた。

この穴が掘られたのは、大坂の陣の頃ではなく、太平洋戦争時。当時、大阪城には旧第四師団司令部庁舎(防空壕掘削当時は中部軍管区司令部、現・ミライザ大阪城)があった。戦況が悪化した一九四五(昭和二〇)年、軍司令部では、米軍による空爆に備えて、司令部の地に大きな防空壕をつくることにした。

まず桜門右側の空堀から掘り進めた。当時は誰も知らなかったが、防空壕の掘削のため、石垣をくりぬかなければならず、それには爆薬を使って穴を開けたという。

こうして掘り抜かれた防空壕は、幅・高さとも約二メートルの正方形で、本丸前からまっすぐ天守閣へと約一二四メートルを北進していた。途中、約一メートルごとに支柱が建てられ、梁には二〇～三〇センチメートルの丸太を通したり、天井や側面には厚さ六センチメートルの板をはめこんだりするなど、頑丈なつくりだった。地下一五～一六メートルの深さだったこともあり、漏水がひどく、真ん中には排水溝がつくられていたという。

さらに、その横から同じ約二メートルの正方形で、長さ一〇メートルの支道もつくられ、ほかの出入り口につなげられていた。

この防空壕の存在が明るみに出たのが終戦直後ではなく、終戦から五年の月日を経たのは、米軍が大阪城に約三年間も駐屯していたことや、そもそもこの穴の存在を知っている者は軍関係者だけだったため、米軍から大阪市に返還されたとき、何も申し送りもなかったからである。

豊臣大坂城の石垣は地下に眠る!?

大坂城の遺構については、一九五九（昭和三四）年の学術調査で、城跡に現存する櫓や

桜門の東側、空堀からのぞく地下壕跡。伝説の域を出ない真田幸村の地下トンネルではなく、陸軍が掘った本物の地下壕である。

石垣は、すべて江戸時代に徳川氏によってつくられたものと確認されている。しかし、じつは徳川氏による近世大坂城以前にあった豊臣秀吉（豊臣大坂城）の石垣が地下から見つかっている。

というのも、本丸から掘られた防空壕は、当初の計画ではまだ延伸するはずだったが、地中を掘り進めていくうちに約一二四メートルの地点で石垣にぶち当たり、それ以上進むことができずに断念したという。この石垣こそ、地下に埋まった豊臣大坂城の石垣である。

現在、この防空壕は、陥没の危険防止のため、土砂を流し込んで埋め戻された状態である。だが、空堀の底にある入り口だけは見ることができる。

扇町公園にあるベンチは、ここが世界一広いプールだった証

天満
てんま
Temma

天満駅を降りると、日本一長い商店街といわれる天神橋筋商店街があり、またそこを渡った先には緑あふれる憩いのスポットである扇町《おうぎまち》公園が広がる。

公園の一角にはいくつもの石のベンチが置かれたエリアがある。このベンチ、大きな字で一～九までの番号がふられている。ベンチになぜこんな数字がと思うかもしれないが、もともとベンチではなくプールの飛び込み台。水泳競技で選手が立つスタート台である。プールでもない場所に飛び込み台が並んでいるのは、かつてここに世界一の有名なプールがあったからである。

そのプールとは、一九五〇（昭和二五）年に日米対抗水上競技大会の開催のために建設された市営大阪プールである。二万五〇〇〇人もの観客を収容できる巨大な屋外プールで、当時、収容人数世界一のプールとしてギネスブックに掲載された。

U字型の観客席に囲まれるようにして、五〇メートルの競泳プールと飛び込み用のプールが設置されていた。扇町公園のベンチの大きな数字は、それぞれに振られたコースナン

バーである。よく見ると、ベンチの下側に握り手がついているが、これは背泳のスタート用のもの。このスタート棒が日本で初めてつけられたものだった。

水泳以外の興行も大阪プールで

このプールの開場記念の大会では「フジヤマのトビウオ」として世界的に有名な古橋広之進も出場し、のちには山中毅がこのプールで二〇〇メートル自由形、翌年には四〇〇メートル自由形の世界新記録をたたき出すなど、名試合が繰り広げられた。立派なプールが人気を呼んだのか、大阪プールでは高校生の水泳大会でも満席になるなどの人気を誇った。

しかも競泳だけではなく、シーズンオフにはスポーツやコンサート、プロレスの試合も行なわれた。一九五七（昭和三二）年に力道山対ルー・テーズの世紀の一戦となったプロレス世界選手権が行なわれたのも大阪プールである。二年後にはボクシングの世界フライ級タイトル戦が行なわれ、矢尾板貞雄がアルゼンチンのペレスに試合を挑んでいる。

このプールから数々の水泳やスポーツの試合、コンサートなどの名シーンが生み出され、まさに大阪のシンボル的存在だったといえる。老朽化のため一九九七（平成九）年に解体されたが、その栄光の証として、飛び込み台がモニュメントとしてここに残されたのである。ナンバリングが当時の華やかで熱い試合を思い起こさせてくれそうだ。

桜ノ宮駅の東側にある謎のレンガ積みの正体とは？

桜ノ宮
さくらのみや
Sakuranomiya

桜ノ宮駅の東口を出て、南側のロータリーを通って東側へ歩くと、道の左側に都島中野幼稚園が見えてくる。この幼稚園の前にある交差点を左に折れると、大阪環状線の高架をくぐるアーチ型のトンネルが見えるが、その手前に歴史を感じさせるレンガ積みがある。レンガの向こう側は盛り土になっており、資材置き場と化しているため、とくにレンガ積みが何かに使われているわけでもなさそうだが、なかなかの存在感である。

　このレンガ積みは、かつてここを走っていた鉄道の橋台跡なのだ。それは大阪環状線ではなく、関西鉄道桜ノ宮線。一八九八（明治三一）年に大阪で陸軍の特別大演習が行なわれることになった際、軍部の要請を受けた関西鉄道が敷設した連絡線で、網島《あみじま》～桜ノ宮間を結んだ。それを整備したうえで一九〇一（明治三四）年に正式開業したものである。

　ところが、わずか一五年で桜ノ宮線は廃線となり、桜ノ宮線の主要駅だった網島駅も廃駅となってしまった。おかげで、大阪に桜ノ宮線があったことを知る人は多くはない。幻となってしまった桜ノ宮線とは、どういう路線だったのだろうか。

名阪直通列車が発着していた幻のターミナル駅

関西鉄道が網島駅を開業したのは、一八九八年のことである。網島駅は、現在の都島《みやこじま》区東野田、大阪市立東高校付近にあった。関西鉄道のターミナル駅であり、ここから発車した列車が、名古屋駅へ直通していた。名阪間を移動する多くの旅客で賑わった。

関西鉄道桜ノ宮線の橋台跡（右側）。（提供：WEBサイト「はなまる絵日記」ねこひげ）

しかし一九〇一年、網島駅はターミナルの座から降ろされ、桜ノ宮駅にとって代わられる。その前年に関西鉄道が大阪鉄道を吸収し、湊町（現・JR難波）駅から延びる路線（現・大和路線）を手に入れたことで、奈良や名古屋へ向かう関西鉄道の長距離列車のターミナル駅を湊町駅に一括した。すると、網島駅から延びる路線は支線扱いとなり、利用客が激減。そこで、城東線（現・大阪環状線）と接続して利便性を上げるべく、軍部の要請でつくった連絡線を整備して網島駅から桜ノ宮駅へと続く桜ノ宮線を開業した。

しかし、この桜ノ宮線が営業していた期間も短かっ

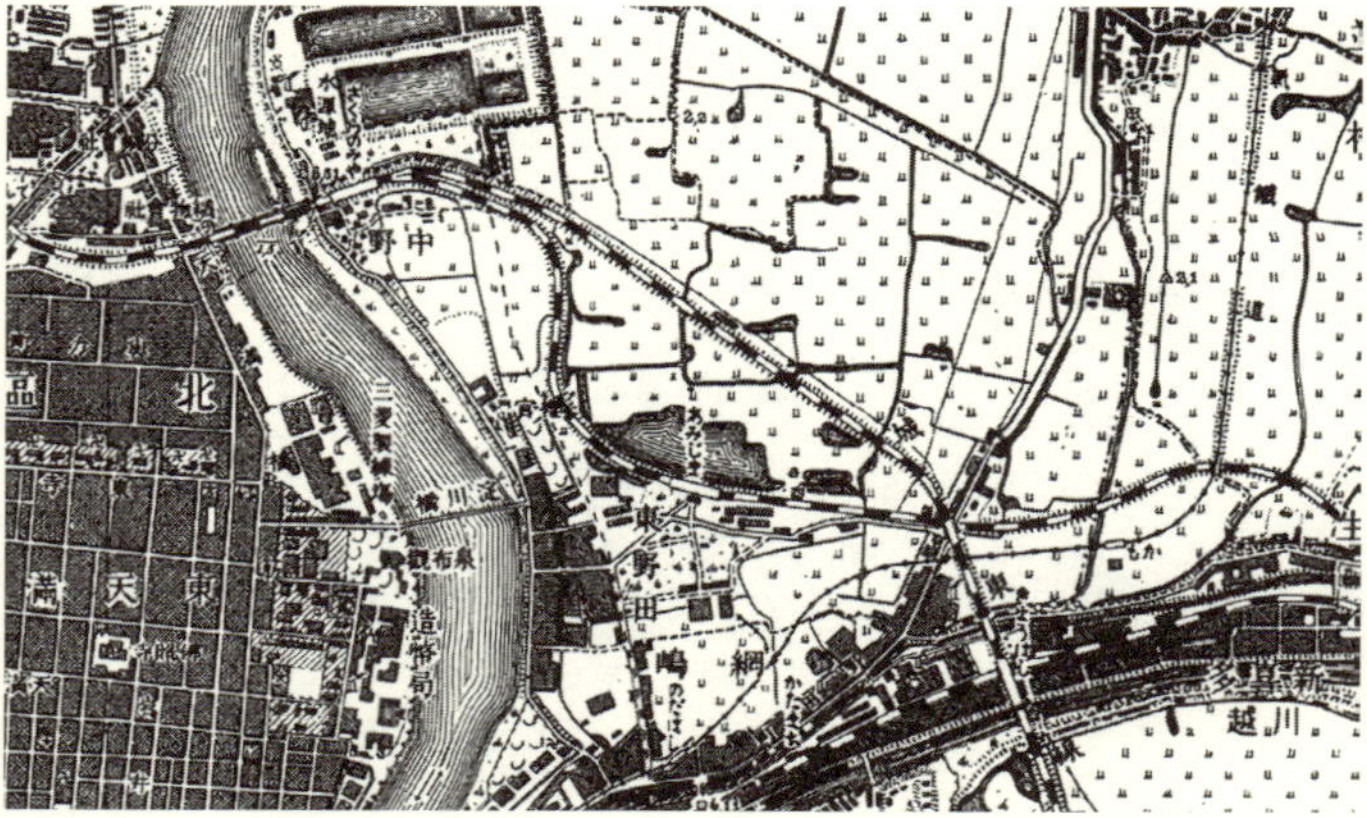

1911（明治44）年発行の「大阪東北部（2万分の1）」の京橋～桜ノ宮間。中央に城東線（現・大阪環状線）があり、その下には現在はない桜ノ宮線と網島駅が書かれている。

た。一九一三（大正二）年に、城東線で隣駅である京橋駅に片町線（学研都市線）のホームが新設されたことによって、桜ノ宮線の連絡線としての機能が不要となり、廃線となってしまったのである。

　わずか一五年という短い営業期間だった桜ノ宮線は、その短さも関係しているのか、遺構が非常に少ない。網島駅は大阪市立東高校付近にあったことは確かだが、その痕跡は少なく、線路跡もほとんど残っていない。

　そんななか、唯一といってよい遺構が、先に述べた桜ノ宮駅近くのレンガ積みの橋台跡というわけなのだ。有効利用もされず放置されたままの遺構だが、このレンガ積みこそが桜ノ宮線がかつてこの地を走っていたことを今に伝える貴重な存在である。

京阪が通っていないのに、桜ノ宮駅に「京阪電鉄乗越橋」を発見

桜ノ宮
さくらのみや
Sakuranomiya

桜ノ宮駅は大阪環状線だけが乗り入れる駅で、私鉄や地下鉄などとは連絡していない。ところが、その桜ノ宮駅からすぐの高架橋に、「京阪電鉄乗越橋」というプレートがついた橋がある。駅の北口を出て、右へ進んだ先にあり、高架下に入る美容室の看板の脇にそのプレートを見ることができる。

京阪電鉄乗越橋という名前ながら、周囲に京阪の線路はないばかりか、過去をさかのぼっても京阪は桜ノ宮駅と関係がない。では、なぜ京阪の名前がついた鉄橋があるのだろう。

京阪は一九一〇（明治四三）年、大阪天満橋駅と京都五条駅の間に開通した。次いで京阪は、京阪本線の野江《のえ》駅から分岐して吹田～茨木《いばらき》～高槻《たかつき》を経て淀駅へ合流する淀川西岸支線計画を進めて特許を出願した。しかし鉄道省から、大阪側の起点を天満橋だけでなく、もう一か所設置するよう条件がつけられたのである。天満橋駅だけでは、やがて飽和状態になることが目に見えていたからだ。しかし、大阪の市街地にターミナル駅をつくるなど、費用もかかるうえ、用地の入手も困難であり、そう簡単に解決できる問題ではなかった。

桜ノ宮駅にある「京阪電鉄乗越橋」。この橋の下を京阪梅田線（未成）が通るはずだった。（提供：WEBサイト「はなまる絵日記」ねこひげ）

大阪環状線を利用した梅田線計画

ここで京阪に光が射した。一九一九（大正八）年、鉄道院が城東線（現・大阪環状線）の高架化、電化を決定したのである。高架化が達成できれば、それまで線路があった地上部分はまるごと空き地になり、新たな線路用地として転用できる。この高架化計画を受けて京阪は、城東線の地上線跡のうち桜ノ宮駅の東側から大阪駅の間にかけてを鉄道院から譲り受けて、梅田までの乗り入れる「京阪梅田線」をつくろうと考え、それを鉄道院へ願い出た。

すると鉄道院は、京阪の計画を許可する。ただし、京阪へ地上線跡の敷地やレールなどを払い下げる代わりに、その費用によっ

未成に終わった京阪梅田線の計画

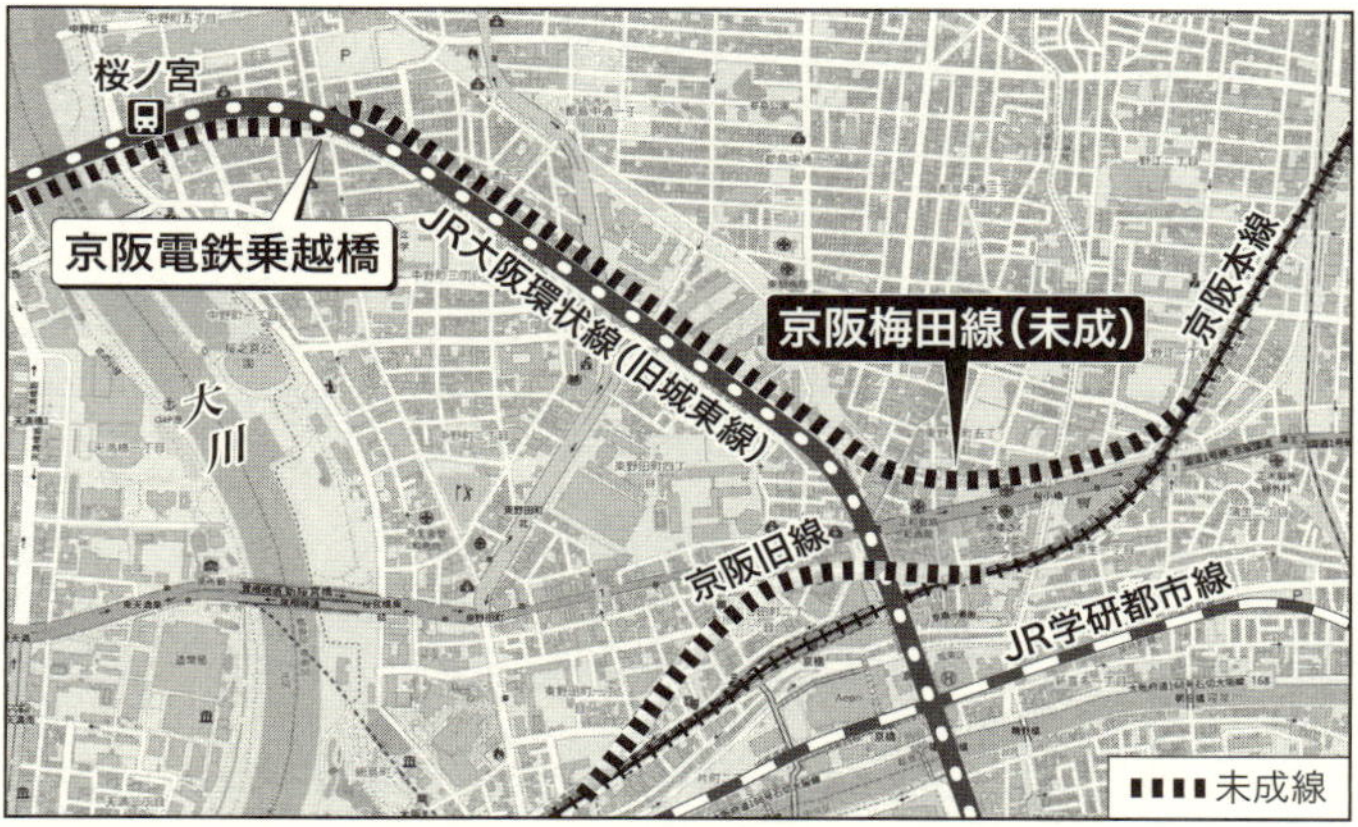

京阪電鉄はかつて、城東線の地上区間(旧線)を利用して梅田へ進出することを計画し、乗越橋をつくるなど城東線高架化の費用負担をしたが、経営状態の悪化によって未成に終わった。(Map Data:©OpenStreetMap)

て高架化事業が行なわれ、超過した場合の費用は京阪が支払うという条件つきだった。

つまり高架化費用をすべて京阪が賄うという条件だったが、都心延伸が望みの京阪はこれらを快諾。京阪からしてみれば、払い下げ分を超過した金額だけで、敷地だけでなく、レールや駅用地、橋梁などの施設も手に入ったのである。

しかし、計画はイメージ通りには進まなかった。同年七月に大阪市議会で鉄道院と京阪のやり取りが明るみになると、市への事前の話し合いがなかったことや、払い下げの経緯が不透明であることなどを理由に、市議会が大反発した。結局、大臣が取りなしたおかげで一応の決着を見るも、梅田線計画は波乱の幕開けとなった。

その後も問題は続いた。関東大震災やその後の不況の影響で、工事主体である鉄道省が全く動かなくなったのだ。当然、この間は京阪の梅田線計画も進まないままだった。

費用負担の中止により未成線に

城東線の高架化工事が再開されたのは一九二八（昭和三）年七月に入ってからである。ここでようやく京阪梅田線計画は進んだ。城東線は、京阪の費用負担によって順調に高架化していった。

しかし、この頃には京阪の経営状態は著しく悪化していた。不採算事業を取りやめたり、リストラを断行したりしている時期に、梅田線のために多額の費用を払い続ける余裕など、もうどこにも残っていなかったのである。困窮の極みに達して一九三二（昭和七）年七月、鉄道省に対して工事費の支払いを猶予してほしい旨を請願した。

すると鉄道省は同年一一月、工事費の残り分は同省で負担する、と回答した。つまり京阪は費用負担もなくなったが、梅田線計画にも終止符が打たれたということになる。

冒頭で紹介した桜ノ宮駅近くの「京阪電鉄乗越橋」は、梅田線が城東線の高架をくぐるためにつくられたものである。城東線高架化工事がはじまった当初、京阪が資金を投じてつくった橋梁であることから、この名前がつけられたのだ。

第四章

沿線文化を深く掘り下げる！

環状線沿線・街の履歴書

大川上流で行なう天神祭の船渡御もとは下流側の行事だった！

天満
てんま
Temma

大阪では毎年夏になると、日本三大祭りの一つ、天神祭が催される。六月下旬から七月二五日にかけて諸行事が行なわれ、とくに七月二五日の本宮《ほんみや》の夜は、約五〇〇〇発の盛大な花火が打ち上げられるほか、約一〇〇艘もの船を伴った船渡御《ふなとぎょ》が大川で行なわれる。

「渡御」とは、日頃は本殿の奥に祀られている神様が、祭りの日に地域を自ら見回るために巡幸することをいう。通常の祭りで見かけるのは、神輿《みこし》に乗った神様を担いで歩く「陸渡御」だが、天神祭の場合、半分は神輿で陸渡御を行ない、半分は船に乗っていく船渡御を行なうのである。神輿を乗せた奉安船《ほうあんせん》が天神橋から出発するのに合わせ、スポンサーが出す奉拝船《ほうはいせん》（通称：御迎え船）の船団が、飛翔《ひしょう》橋から大川を下って祭神を迎える。このときに毛馬《けま》桜之宮《さくらのみや》公園から奉納花火が打ちあがり、船のかがり火と花火が水面に揺れて〝火と水の祭典〟といわしめる情景となる。

この天神橋と飛翔橋を往復する船渡御のコースは、もともとまったく違っていた。本来、天神橋から中之島の北側を流れる堂島川を下って、安治川と木津川が分流する西区の川口

天神祭の船渡御のようす。多くの企業や団体が宣伝のために船を大川に浮かべ航行する。

に上陸していた。そこから陸渡御を行ない、現在の京セラドームの北側にある千代崎《ちよざき》の御旅所《おたびしょ》へ行った。つまり、大川の下流側で行なわれる行事だったのだ。

ところが、一九五三（昭和二八）年からコースが変わり、大川の上流で行なわれるようになったのである。コースの変更には、やむにやまれぬ理由があった。

地盤沈下によって船が橋の下を通られず……

天神祭は、大阪天満宮が建てられた二年後の九五一（天暦五）年から、幕末期を除いて毎年のように行われている行事である。しかし、戦時中の一九四一（昭和一六）年から戦後の一九四八（昭和二三）年にかけては中止となっていた。戦時下の非常時にあって、参加者の若者が戦地に行ったり、船が足りなくなったりしていたからだ。

やがて戦後の混乱が落ち着き始め、一九四九（昭和二四）年に復活したが、ここで大きな問題が発生する。神輿など船の上のものが橋へぶつかるという事故が多発したのだ。この原因を探ると、地盤沈下によって橋全体が沈んでいることだった。

地盤沈下は周辺の企業による地下水の汲み上げが原因とされた。地中の帯水層から水を大量に汲み上げることで、その上下の層が圧縮されその分だけ地盤が沈む。船渡御のコースとなっていた中之島周辺では四〇～一六〇センチメートルも沈下していた。

しかし、戦後の資材不足は続いており、橋を高くする余裕などなかった。そこで苦肉の策として考え出されたのが、沈下の度合が低い上流へコースを変更することだったのだ。

このコース変更に合わせ、かつては堂島川を通り桜宮橋あたりまで遡航していた御迎え船の船団もスタート位置を動かした。大川の上下から船が行き来するという伝統を守るため、船渡御とは逆に大川を下るルートにしたのである。また、御旅所で行われていた神事を奉安船の上で行なうようになり、人々は両岸から神事を眺めることができるようになった。これにより、神事をより身近で、親しみやすく感じられるようになったという。伝統を守りつつも、現代版の船渡御が行われているのである。

天神祭の新旧船渡御ルート比較

飛翔橋
天満
桜ノ宮
JR大阪環状線
大阪
大阪天満宮
大川
福島
堂島川
土佐堀川
野田
1952(昭和27)年以前のコース
陸渡御のあと、天満警察署前にある鉾流祭場から乗船し、堂島川を下って旧大阪府庁前で下船。そこから千代崎の御旅所まで再度陸渡御して、帰りは同じコースを戻った。航行の際、御迎え舟の船団が堂島川をさかのぼった。
1953(昭和28)年以降のコース
陸渡御のあと、天神橋のたもとから乗船し、大川をさかのぼって飛翔橋で折り返し、戻ってくる。御迎え舟の船団は、飛翔橋から大川を下る。
安治川
旧大阪府庁
木津川
御旅所
京セラドーム
大正
1952年以前
1953年以降
船渡御
陸渡御

天神祭の船渡御は、もともと川を下る行事だったが、地盤沈下によって橋の下に船がくぐることができる空間がなくなったため、1953(昭和28)年以降は天満宮の上流側で行なわれている。(Map Data:©OpenStreetMap)

野田・福島の公園にほころぶ藤の花
その誕生に歴史アリ

野田
のだ
Noda

大阪環状線の各駅には、シンボルフラワーが定められている。大阪駅はバラ、天王寺駅は阿倍野区の花であるペチュニアといった具合だ。このなかで野田駅は、福島区の花である「野田藤《のだふじ》」である。日本固有のフジの一種であり、細かな紫の花をカーテンのように長くしだらせる姿が美しいことから、日本三大名藤の一つとして親しまれている。

この野田藤、野田の名前がついている通り、野田が原産地である。一帯はかつて田蓑《たみの》嶋や福島、堂嶋など小さな島々に分かれていた。こうした折、洪水などで淀川の上流から大量の土砂が流れてきて、多数の藤の木が偶然にも野田のあたりに打ち上げられたのがはじまりだという。

以来、足利氏や豊臣氏など、名だたる名将に愛された。村の庄屋だった藤氏が記した「藤伝記」には、一五九四（文禄三）年、野田藤が咲き誇る頃、秀吉が自宅に訪問したとある。また、「吉野の桜、野田の藤、高雄の紅葉」と歌になるほど、野田藤は有名だった。

ところが、その後、野田藤には過酷な運命が待っていた。一六一四（慶長一九）年に起

野田駅の北側にある鷺州上公園にある野田藤の藤棚。細かな紫の花がカーテンのようにしだれる姿は雅な雰囲気が漂う。

きた大坂冬の陣における野田福島の合戦のとき、野田村一帯は徳川軍に焼き払われてしまった。

江戸時代に一度は復活したが、明治維新前には多くが伐採されてしまう。残った野田藤は、江戸時代のように大木に自然に絡まる形から、人工的な藤棚に絡ませて一か所で栽培される形になり、昭和まで続いていた。しかし、太平洋戦争中の空襲によって周囲は焼け野原になり、野田藤も壊滅してしまったのである。

地元住民の努力で復活した野田藤

最初に野田藤の復活を試みたのは、一九七一（昭和四六）年である。地元の大阪福島ライオンズクラブのメンバーが『玉川百年のあゆみ』から野田藤のことを知り、これを探しはじめた。彼らは、野田藤の古木をもっていた農家を見つけ出し、趣旨を説明して、藤の苗を分けてもらい福島区内に移植した。しかしながら、野田藤を育てるのは難しく、次第に花が咲かなくなってしまった。

本格的な復活を遂げるのは、二〇〇六（平成一八）年、連合町の協力でボランティア団体「のだふじの会」が結成されてからである。

現在、メンバーは約三八〇人。下福島公園など区内約二〇か所に移植された野田藤七〇本の世話をしている。水やりや剪定《せんてい》をしたり、つぼみを食べる鳥を寄せつけないようネットを張ったりと、コツコツと地道な手入れを続けている。そのためか、次第に花を咲かせる木が増えているという。

野田駅から徒歩五分ほどの場所にある春日神社では、毎年開花時期の五月に「のだふじ祭り」が開催されている。二〇一七（平成二九）年の祭りでは二万人が野田藤を見に祭りを訪れた。祭りの実行委員会では、野田藤とともに、下町情緒の残る福島の町のＰＲもしたいと意気込んでいる。

野田藤の艶やかな紫のカーテンが風にそよぐ雅な姿を眺め、自然がつくりだした世界にひたってみよう。

かつて弁天町にあった西を代表する鉄道ファンの聖地とは？

弁天町
べんてんちょう
Bentenchō

かつて関東の鉄道ファンにとっての聖地は、JR中央線の神田《かんだ》駅と御茶ノ水《おちゃのみず》駅の中間にあった交通博物館だった。一九三六（昭和一一）年、旧万世橋《まんせいばし》駅に併設する形で開設された。ここにはマレー式機関車やC57形機関車といった鉄道関連の展示はもちろんのこと、日本最初の飛行機であるアンリ・ファルマン機をはじめとする航空機、大正期に使用されたT型フォード自動車、縄文時代の丸木船といった船舶など、交通・運輸関係全般の資料が数多く展示されていて、鉄道ファンならずとも、誰もが楽しむことができる施設だった。

しかし、老朽化が進んだうえ、都市部にあったことから拡張も難しく、二〇〇七（平成一九）年に埼玉県のさいたま市の大宮へ移転。いまではさらに展示車両を増やした「鉄道博物館」となって全国から鉄道ファンを集めている。

京都に聖地を譲ったかつての西の聖地の行く末は？

東に鉄道ファンの聖地があれば、もちろん西にもあった。大阪環状線の弁天町の駅前にあった交通科学館（のちに交通科学博物館と改称）である。

一九六二（昭和三七）年に大阪環状線の全通記念事業の一つとして開館したもので、東海道新幹線の0系車両の第一号車や、一九七九（昭和五四）年に時速五一七キロメートルを記録したリニアモーターカー車両、往年の蒸気機関車や特急型車両などが展示されていた。初代の大阪駅や二代目大阪駅などを見ることができるジオラマ模型もあれば、二代目京都駅の部材を再利用してつくられた大正ロマン漂うプラットフォーム、発車時刻表示を自分で操作できる「反転フラップ式案内板表示機」などもあった。

ここも鉄道関連の展示物だけでなかった。国鉄ハイウェイバスの第一号車をはじめ、自動車やバイク、航空機なども展示されていて、東京の交通博物館同様、交通全般の総合博物館として大いに人気を集めていたのである。

しかし、西の聖地だった交通科学博物館も姿を消してしまった。二〇一六（平成二八）年四月の京都鉄道博物館の開館に合わせて、二〇一四（平成二六）年四月六日を最後に閉館してしまったのである。

東京、大阪ともに鉄道ファンの聖地の座を、ほかの土地に明け渡したことになるわけだが、その跡地はどうなっているのか。かつて東京の交通博物館があった跡地には、オフィスビルのＪＲ神田万世橋ビルが建ち、すぐそばにある旧万世橋駅の遺構が、商業施設のマ

弁天町にあったかつての交通科学博物館の風景。現在は車両などの展示物は京都鉄道博物館へ移され、跡地は一体開発される予定だ。

ーチエキュート神田万世橋として生まれ変わった。カフェやワインショップ、カルチャーグッズといった現代風のショップが入っているだけでなく、その歴史にふさわしく、鉄道博物館の基礎にも使われていた初代駅舎の基礎である「遺構サークル」や、開業当時につくられた階段なども公開されていて、鉄道ファンを喜ばせている。

一方、大阪・弁天町駅の鉄道科学博物館の跡地は、JR西日本が取り組んでいる「大阪環状線改造プロジェクト」において、広域からの集客を視野にいれた駅整備との一体開発を検討中とのことだ。はたしてどんな再開発が行なわれるのか、かつての鉄道ファンの聖地の行く末に注目したいところである。

大正橋にはベートーベンの「歓喜の歌」が記されている！

大正
たいしょう
Taishō

大正駅は、大阪市大正区にある。この大正区や大正駅の名前は、木津川に架かる大正橋に由来する。大正時代に架けられたからで、この橋の名前が区の名前となり、駅名にも採用されたのだ。

この大正橋が架けられたのは、一九一五（大正四）年である。現在の大正区一帯は、大阪港と木津川、尻無川、そして運河に囲まれた孤島だった。それを初めて対岸の市街地と繋ぐ橋だった。この橋の名前が区名となったのは、それだけ地元の人々が橋を自慢に思っていたからだ。なにしろ、長さ九〇・六メートルもある巨大なアーチ橋で、当時としては日本一の長さを誇っていたのだ。一帯には造船所や鉄工所など多くの工場があり、なかでも大阪ガスの工場には大量の石炭が船で運びこまれていた。木津川には多くの船が通行しており、妨げないために橋脚がない巨大な橋がつくられたのである。

その大正橋は一九七四（昭和四九）年三月に架け替え工事によって新しい大正橋として生まれ変わった。新しい橋は、一見、無機質な桁橋に見えるが、この橋も初代に負けない

大正橋の歩道にある縁石。一定の間隔でリズムを刻む音楽用具「メトロノーム」の形にデザインされている。

ほど特徴をもっている。

歩道の足元のタイルには、白と黒でピアノの鍵盤が表現されており、車道と歩道の境目にある縁石はメトロノームを模した形をしている。さらに柵は五線譜になっていて、海側にアルミ板の音符がつけられ、ベートーベンの「交響曲第九番」の譜面になっている。「歓喜の歌」や「喜びの歌」という別名でも知られる曲だ。

大正橋とベートーベンにいったいどんな関係があるというのか。

「第九」が選ばれたのは五線譜に収まるから!?

大正橋が「歓喜の歌」をモチーフにした理由は、現実的なところにあったようだ。

大正橋の柵。5本の横棒を五線譜に見立てて「歓喜の歌」の譜面が表現されていることがわかる。（提供：CVV -シビルベテランズ&ボランティアズ- http://www.cvv.jp）

柵を五線譜に見立てるデザインは当初から決まっていたらしいが、どの曲の譜面にするのかということまでは未定だった。そこで、適した曲を選ぶ必要が生じたが、橋の設計者である日種俊哉氏が『八百八橋　浪速の春』のなかで述べるところによると、「選曲については、大阪民謡、わらべ歌、流行歌など大阪にゆかりのある曲などいろいろ探してみたが、移調してでも五線の内に収まるものとなるとなかなか適当なものが見つからない。そこで条件を満たしている作品として〝歓喜の歌〟の登場となった」と記されている。

つまり、橋の欄干の五線譜から音符をはみ出させるわけにいかず、結局、五本線以内に音符が収まる「歓喜の歌」が選ばれた、というのがどうやら真相のようだ。

今宮戎の後ろから参る習慣は、もともと社殿が後ろ向きだったから

新今宮
しんいまみや
Shin-Imamiya

新世界や天王寺動物園の最寄り駅である新今宮駅を降りて、交差する南海本線の高架に沿って北へ向かった先に、今宮戎《いまみやえびす》神社が鎮座している。福男《ふくおとこ》選びが全国にテレビ中継される兵庫の「西宮神社」、建仁寺の鎮守として建てられた京都の「京都ゑびす神社」に並ぶ、日本三大えびす神社の一つだ。

この今宮戎神社に祀られているのは、七福神の一人である恵比寿さま。にっこりと笑顔を浮かべながら、右手に釣り竿、左手に鯛《たい》をもつ姿を誰しも見たことはあるだろう。もともとは海の神、漁業の神であったが、時代が下ると五穀豊穣の神、福の神として信仰されるようになり、とくに関西では商売繁盛の神となった。「えべっさん」という呼び名で親しまれている。

このえべっさんに商売繁盛を願って、大阪中の商売人や企業人が詰めかけるのが、毎年一月九日～一一日の「十日戎」である。「商売繁盛で笹持ってこい」のかけ声でおなじみの行事で、境内は熱気であふれかえる。

今宮戎神社の社殿は海を向いていた！

今宮戎神社では、この十日戎のときに行われる独特な風習がある。一般的にお参りといえば、拝殿の前にある賽銭箱の前で手を合わせるものだが、今宮戎神社では、本殿の後ろからもお参りするのである。本殿の後ろに備えつけてある大きな銅鑼《どら》を鳴らしながら、「えべっさん、たのんまっせ！」と大声をかけるのだ。

この独特の風習は、恵比寿さまは耳が遠いから、と説明されることが多い。耳が遠いため、ふつうの声でお参りしても、お願い事がきちんと恵比寿さまに届いたかどうかがわからない。そこで頼み事をしっかり聞いてもらうために、後ろの銅鑼を叩いて大きな音を出して恵比寿さまの注意をこちらに向け、お願い事をさらに念押しするというのだ。

だが、同じ恵比寿さまでも、西宮神社や京都えびす神社ではこのような後ろからの参拝はない。同じ神様を祀っているのに、なぜ今宮戎神社ではこのような参拝をするのだろうか。そこには、耳が遠いということ以外の、今宮戎神社ならではの事情があった。

社伝によると、聖徳太子によって四天王寺《してんのうじ》とともに今宮戎神社は建てられたとされる。ただ実際には、飛鳥時代である当時、このあたりは海だったため、後世の平安時代頃の創建だともいわれる。

このとき、今宮戎神社の社殿は西側、つまり海側へ向けて建てられていた。祭神の恵比寿さまはもともと、漁業や航行の安全を司る海の神であったからだ。

この向きは海上からは正面になるが、地元の人々にとっては、背中が向けられた形である。当時の人々は上町台地の一帯（今宮戎神社の東側）に住んでいたからだ。満潮時になると、社殿の正面からはお参りできない。そこで、仕方なく後ろからお参りするようになったのである。後ろからの参拝は、立地上、正面からお参りできない場合があったからだったのだ。

こうして後ろからお参りするようになったが、西向きだった今宮戎神社が、江戸時代に南向きに建て替わり、正面が陸続きになっても後ろから参拝する風習は変わらなかった。

一見すると正面から参拝しやすくなったように思うが、当時の大阪の中心地である島之内《しまのうち》や船場《せんば》から見ると、背中を向けている格好になっていたのだ。一説によると、背を向けていれば、大阪の商人たちが、自分たちの方にも耳を傾けてもらおうとことのほか熱心に信仰するからだといわれている。

そして、西向きだった当時から後ろからお参りしていたこともあり、さらに後ろからでも頼み事を聞いてもらえるという親しみも重なり、後ろから銅鑼（江戸時代では羽目板）を叩く独特の風習につながったのである。

玉造でしか採れない超貴重なご当地名物・玉造黒門越瓜とは？

玉造
たまつくり
Tamatsukuri

ご当地野菜といえば、東大阪の泉州水《せんしゅうみず》なすや鹿児島県の桜島大根《さくらじまだいこん》、埼玉県の深谷《ふかや》ねぎなどをイメージするだろう。大阪環状線沿線にもご当地野菜が存在するといえば驚く人もいるかもしれない。

それは、玉造でつくられている「玉造黒門越瓜《たまつくりくろもんしろうり》」である。文字通りウリの一種で、土地の名を取って「玉造」、当時、大坂城の玉造門は黒塗りの門だったことから「黒門」、越《えつ》（中国の揚子江以南）から入ってきたウリだったので「越瓜」とし、「玉造黒門越瓜」という長い名前となった。

とくに漬物にするとおいしく、江戸時代中期から味の良さから次第に大阪の特産品となっていった。当時は玉造は酒造業者が多く集まっていたこともあり、酒造りで出る酒粕を使った奈良漬にすると絶品だったという。江戸時代の狂歌師・貞柳も「黒門といえども色はあおによし　奈良漬にして　味をしろうり」と詠んでいる。

この越瓜という野菜は、もともと木津村や今宮村など西成のほうで栽培されていたが、

玉造のご当地野菜である「玉造黒門越瓜」。食べ応えのある大きめサイズで、かつアルコールの分解を助ける作用がある。

それが徐々に広がっていき、玉造でも育てられるようになった。では、なぜ西成ではなく、玉造の名前が冠されているのか。

それには「お陰《かげ》参り（お伊勢参り）」の流行が背景にある。江戸時代中期になると、お伊勢参りや富士講など、庶民たちによる空前の旅行ブームが到来していた。それを受けて一八〇四（文化元）年に「浪花講《なにわ》」が誕生した。優良旅籠の紹介や斡旋、情報誌の発行などのサービスを整えた、いわば日本最初の旅行会社である。

この浪花講は玉造にあった。そのために玉造は旅行客が立ち寄る場所となっていた。そして次第に玉造黒門越瓜の粕漬けが道中の保存食として注目されはじめ、全国的な知名度を獲得したのである。

現代に蘇った「玉造黒門越瓜」

この玉造黒門越瓜、一度は消滅しかけていたことがある。明治維新を迎え、玉造は一気に都市化が進んで田畑はなくなっていき、玉造黒門越瓜も姿を消してしまったのである。しかし二〇〇二（平成一四）年、玉造稲荷神社の方が、農学者とともに神社で栽培し始めたことで見事復活。二〇〇四（平成一六）年には、玉造稲荷神社の畑に「玉造黒門越瓜ゆかりの地」の石碑が建立された。いまでは、毎年七月一五日に玉造黒門しろうり食味祭が開催され、参加者には神社の畑で栽培された玉造黒門越瓜の浅漬けが、五〇〇食限定でふるまわれている。

この玉造黒門越瓜、最新の研究によると、アルコール性肝疾患の予防効果があるといわれている。肝細胞にエタノールを加える実験をしたところ、通常は肝細胞の生存率が八五パーセントになるのに対し、そこへ玉造黒門越瓜の抽出物を加えるとほぼ一〇〇パーセントに留まる、という結果が出ている。玉造黒門越瓜の抽出物が、アルコール代謝を活性化させているると考えられる。酒飲みにはうってつけのつまみになるというわけだ。

大阪のご当地野菜とは耳慣れないが、約二〇〇〇年前から続く注目の名産品だ。

約二七〇万人いる大阪市民 その第一号がなんと森ノ宮にいる!?

森ノ宮
もりのみや
Morinomiya

二〇一八（平成三〇）年現在、大阪市民は二七〇万人以上を数える。平野区や淀川区、東淀川区などに多く、浪速区や此花《このはな》区、大正区などの大阪環状線の臨海部にいくにつれて、人口は少なくなっていく。

これだけいる大阪市民のうち、第一号が森ノ宮にいたといわれている。といっても、もちろん現代の話ではない。森ノ宮駅近く、現在の森ノ宮ピロティホール一帯から、大阪では珍しい貝塚が見つかっており、そこから一八体の人骨が出土した。彼らこそが大阪市民第一号ではないかといわれているのだ。

縄文時代当時、この森ノ宮の東側には河内湾という内海が広がり、西側には細長い上町台地が延びて、その上に森が繁り、豊富な海の幸、山の幸に恵まれていた。その証拠に縄文時代から弥生時代中期までに堆積していた東西五〇メートルにわたる貝塚からは、マガキやクロダイ、フグなどの魚介類のほかに、シカやイノシシ、ウサギなどの骨が見つかっており、当時の大阪市民らが豊かな食生活を送っていたことがわかる。まさにグルメに恵

縄文時代の大阪近郊の海岸線

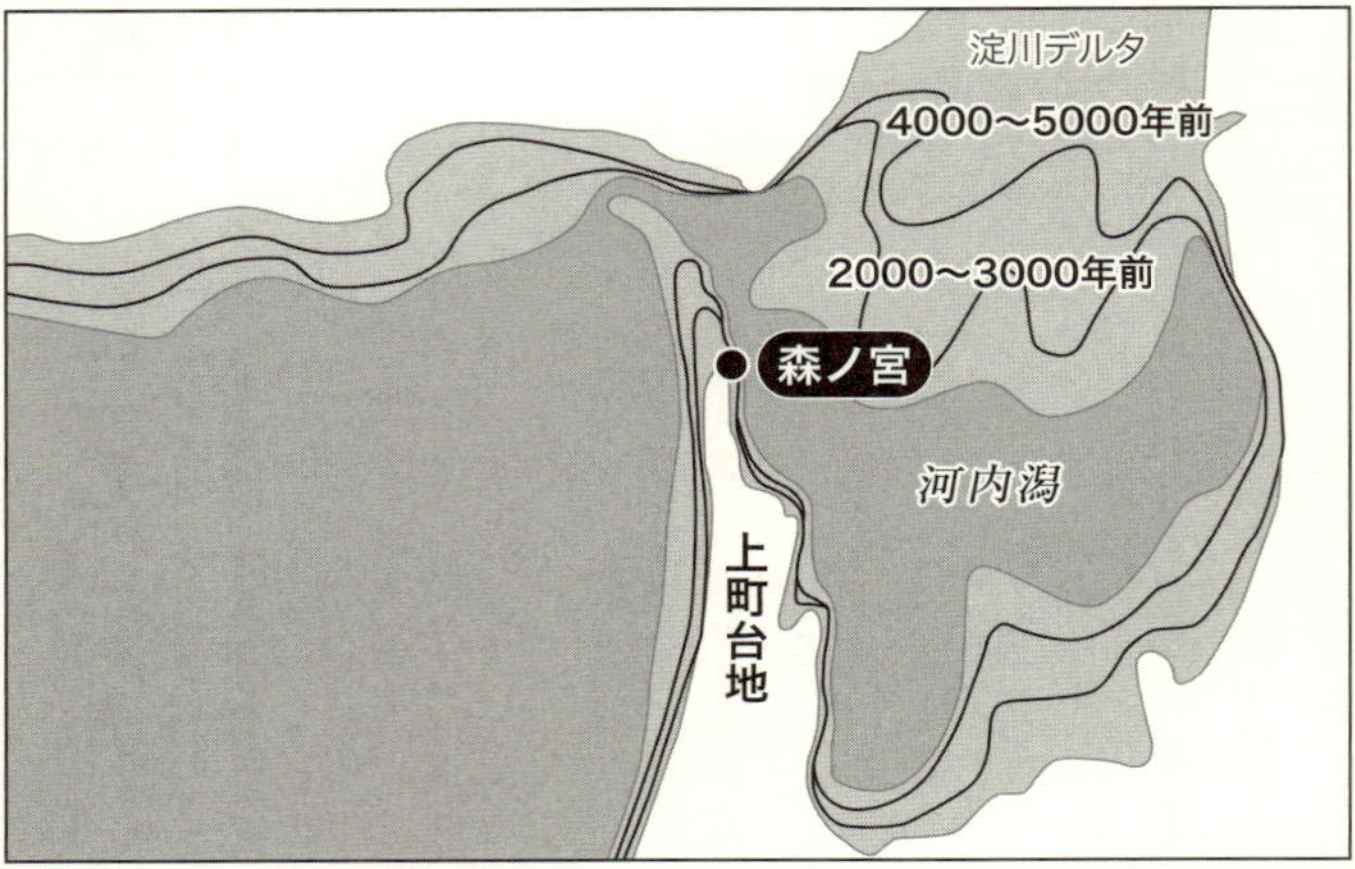

縄文時代の大阪の海岸線。上町台地の東縁に位置する森ノ宮は、豊かな内海と接する場所であり、多くの魚介類が採れた。

まれたベッドタウンといったところだった。

この食生活から、当時の海の変遷も知ることができる。縄文時代後期の森ノ宮は、海水面の上昇により海岸が近かったため、海にすむマガキが食べられていたが、弥生時代では淡水にすむセタシジミが食べられていた。これは徐々に海水面が低下していき、海だった河内湾が、干潟（河内潟）になっていったことと関係している。干潟は、潮の満ち引きによってのみ海水が出入りする遠浅の砂浜で、淡水の生き物も棲むことができる。海が遠くなるにつれて、森ノ宮に住んだ人たちの食事が、海水に棲むマガキから、淡水や干潟に棲むセタシジミに変わっていったことを示している。

やがて、この河内潟は弥生時代後期から

古墳時代にかけて完全に海と隔絶された湖（河内湖）となった。そして淀川と大和川の土砂によって徐々に埋まり、現在に至る。

大阪市民第一号が見られる施設

ここで一つの疑問が浮かぶ。一八体の人骨は、この貝塚から発掘されているのだ。貝塚は、貝殻や魚の骨などの生ゴミを捨てる場所。そこに遺体を埋めるというのは、あまり理解できないだろう。

一説によると、貝塚は使用したり食べたりしたものを蘇らせる場所ととらえられており、再生を願って貝塚に葬られたという。一八体の人骨のうち、三体は身長が推定可能で、一五七～一六二センチの三〇歳と二〇歳ぐらいの男性と、一四五～一五八センチの老人の男性だったとされている。働き盛りの彼らは、家族たちに再生を願われたのだろうか。

この大阪市民第一号は、実際に目にすることができる。森ノ宮ピロティホールでは、森の宮遺跡から発掘された一体を、地層ごとガラスケースに収めて展示しているのだ。

ここでは土器や勾玉、食生活などが分かる遺物の展示のほか、学芸員の解説もあり、当時の実像に近づくことができる。これらの展示物が一般公開されるのは一年に五日間だけだが、五名以上で申し込めば臨時公開もしてくれるという。

環状線沿線の文化

天神祭の宵宮のクライマックス。船渡御が行なわれている傍らで花火が打ちあがり、かがり火と花火が水面に映る幻想的な光景が見られる。

今宮戎神社で毎年１月10日に行われている十日戎のようす。境内には大勢の参拝客が押し寄せ、大変な賑わいとなる。

第五章

知れば知るほど面白い！駅名・地名のミステリー

私鉄はみな「梅田駅」なのにＪＲだけが「大阪駅」を名乗る謎

大阪
おおさか
Ōsaka

大阪駅の周囲を見渡すと、私鉄や地下鉄の駅がいくつもある。面白いことにそれらの駅名は、大阪駅ではなくすべて梅田がつく駅名になっている。阪急と阪神、地下鉄御堂筋線は梅田駅で、地下鉄谷町線は東梅田駅、地下鉄四つ橋筋線は西梅田駅だ。

大阪について明るくない人から見れば、この駅名の違いが非常にわかりにくい。同じ場所にもかかわらず、なぜＪＲと私鉄（と地下鉄）で駅名が違うのだろうか。

これはどうやら大阪に初めて鉄道ができたときにさかのぼる。

大阪駅がつくられたのは、一八七四（明治七）年。日本初の鉄道が東京の新橋～横浜間で開通した二年後の大阪～神戸間開通のときである。場所は現在の大阪駅より少し西寄りの中央郵便局あたりにあったという。当初、市の中心部の堂島あたりに敷設を計画していたが、付近の住民に火事が起こると猛反対されたため、やむなく町外れの田圃やあぜ道のある梅田につくられた（八二ページ参照）。

これが大阪で初めて開設された駅だったが、じつはその前に別の鉄道の敷設計画があっ

「梅田」駅に囲まれている大阪駅周辺

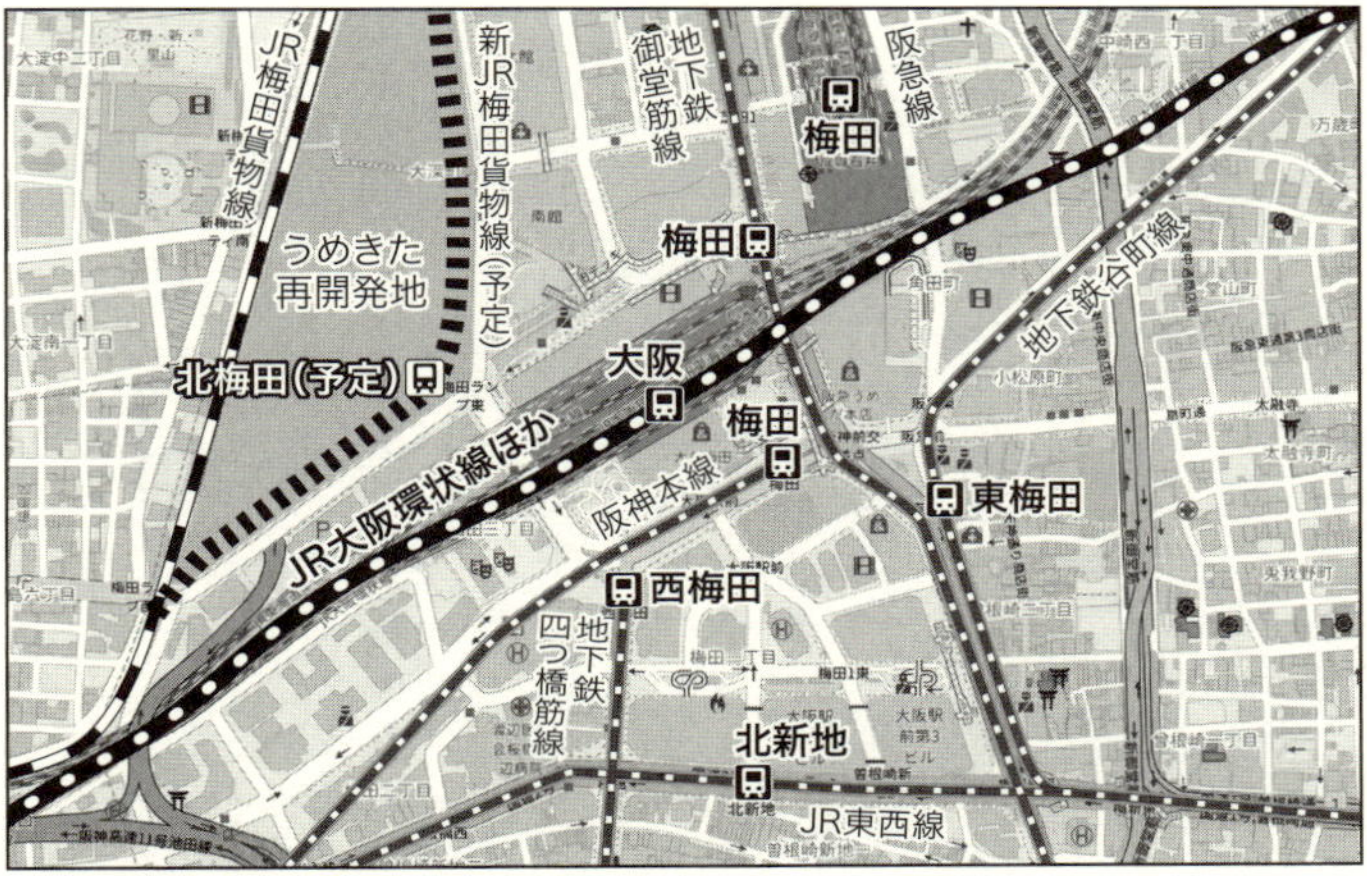

JR大阪駅には、私鉄や地下鉄の駅が直結しているが、どの駅も「大阪」ではなく、「梅田」を名乗っている。(Map Data:©OpenStreetMap)

た。一八六九（明治二）年にアメリカの商社が大阪～神戸間の敷設を申請し、大阪ではほぼ内定していたのである。しかし明治政府は、鉄道は政府がやるべき事業であるとして許可しなかったのだ。

その五年後、政府の手によって大阪～神戸間が開通して大阪駅ができた。だが当時の大阪の人々は、この駅を大阪駅と呼ばずにもっぱら「梅田ステンショ」と呼ぶようになった。

谷川彰英氏著『大阪「駅名」の謎』によると、当時の大阪の人々は、自分たちが民間で鉄道を敷こうとしたのを拒否され、政府が主導で鉄道を敷いたのが面白くなかったらしい。そこで政府に対する反発から、大阪駅の名前を拒否して、あえて地元で親しまれていた「梅田」の名で呼んだのだという。

私鉄が「梅田駅」で申請した理由

その後、大阪駅一帯に乗り入れた鉄道は、ことごとく「梅田」を名乗った。大阪駅前に市電が通るようになったのは一九〇八（明治四一）年である。このとき停留場の名前を市民に親しまれやすいように、わざと梅田停車場にした。その二年後には、阪急電鉄の前身である箕面有馬《みのおありま》電気軌道が梅田駅を開設。さらに一九一四（大正三）年には阪神電鉄が乗り入れ、こちらも梅田駅を名乗った。その後は、前述のように大阪市営地下鉄の各路線が梅田、東梅田、西梅田と、次々と「梅田」を冠した駅を開設して現在に至っている。

一連の流れを読み解くと、明治の終わり頃、私鉄が次々と大阪の中心地に沿線を伸ばそうとした際、大阪市はやはり政府への反発心からか、私鉄が「大阪駅」の名前を使うことに難色を示したのだろう。大阪市が地下鉄を建設していたため私鉄の乗り入れを拒否した事情もあったようだが、どうしても市内中心部へ乗り入れたかった私鉄は、苦肉の策として人々に親しまれていた「梅田駅」と名乗ることで許可を得たと考えられる。

まさに大阪駅の近くに残る梅田駅の駅名は、鉄道開通への地元の人々の思いが政府への反骨心となって表われたものだったのかもしれない。

桃谷駅はかつて桃「山」駅だったのに、なぜ「谷」に改称したのか？

桃谷
ももだに
Momodani

弁天町
べんてんちょう
Bentenchō

天王寺駅から内回り線で二つ進むと、桃谷駅となる。駅の周辺は、ＮＴＴ西日本大阪病院や大阪警察病院などがあり医療施設が充実しているほか、西側には天王寺区役所、東側には生野《いくの》区役所があり、二つの区役所の最寄り駅になっている。

この桃谷駅は一八九五（明治二八）年、大阪鉄道（一九〇〇年に関西鉄道に合併）によって開設された。当時は桃谷ではなく、なんと「桃山《ももやま》」駅だった。もともと上町台地の東側斜面一帯には桃畑が広がる場所で、桃山と呼ばれていたのだ。現在でも「桃山クリニック」などの施設名や、飲食店の店舗名などに見られる。

しかし、開業から一〇年後の一九〇五（明治三八）年、桃山駅は「桃谷」と改称する。別の場所にあった同名駅に「桃山」の名前を譲ったのだ。桃山駅の開業とまったく同じ年に開業していた奈良鉄道の桃山駅である。京都府南部にある、現在のＪＲ奈良線の桃山駅だ。別の鉄道会社であり、京都と大阪で離れていたため、同じ駅名でも不都合は生じなかった。しかし、一九〇五年に奈良鉄道が関西鉄道に合併されたことで、同じ鉄道会社の同一駅名になってしまったのだ。

するとどちらかを改称することになる。大阪の桃山は一地域名であるのにたいし、京都の桃山は、全国的に知られた地名だ。そうした事情もあって、大阪の桃山駅を、桃谷駅に改称したのである。

弁天町は市岡になるはずだった！

桃谷駅と同じく、ほかの路線に憚って駅名を変えた例がほかにもある。一九六一（昭和三六）年に開業した弁天町駅である。

弁天町駅はもともと「市岡《いちおか》」駅になるはずだった。駅周辺の土地は、江戸時代の元禄年間に開墾された土地であり、その開墾を主導した市岡与左衛門の功績を称え「市岡新田」と呼ばれていた。そこで、この名を駅名にしようとしたのである。

ところが、よくよく調べてみると、岡山県内を走る国鉄（現・ＪＲ）芸備《げいび》線に、すでに市岡駅が存在していたことが判明する。大阪と岡山では多少の距離もあり、芸備線の市岡駅は小さな駅である。混同することもないのではという意見もあったらしいが、結局、改称することになった。

このとき、市岡の代わりになったのが「弁天」である。この由来は、市岡新田の会所に

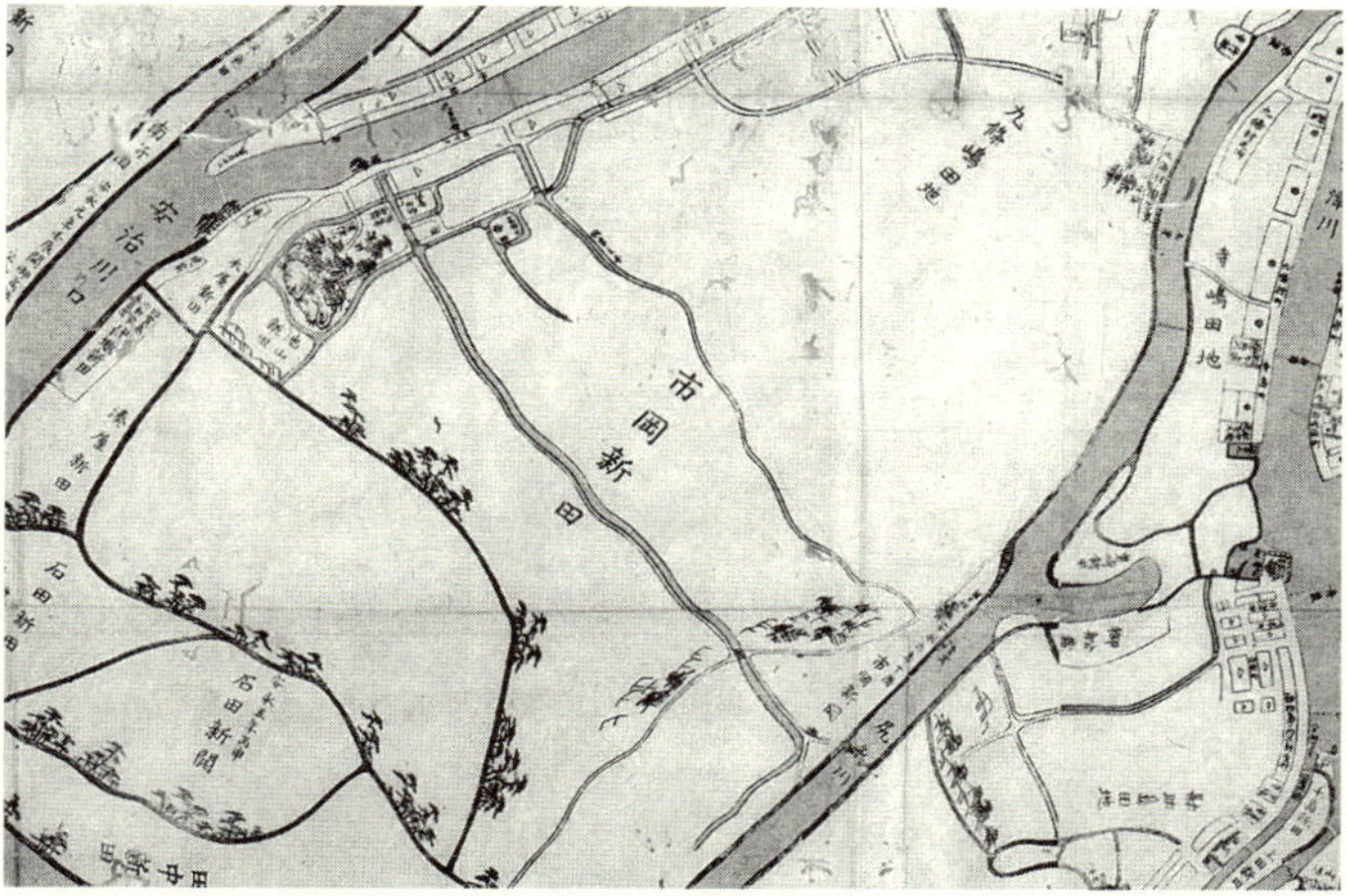

江戸時代の『増補改正摂州大阪地図全（大阪古地図集成第11図）』には、市岡新田という地名が大きく掲載されている。（大阪市立図書館アーカイブより一部改変）

祀られていた弁財天像だった。市岡新田は、何度も水害に遭ったことから、水難を避けるため、水を司るとされる弁財天を会所に祀っていた。この像にちなみ、一九二七（昭和二）年に弁天町という町名ができた。かつて瀬戸内海航路の船が発着していた安治川の港も弁天埠頭と命名された。

　そして一九六一年に駅ができたとき、「市岡」の代わりに「弁天町」駅としたのである。市岡の名は使えなくても、ゆかりのある弁財天の名をいただけば、その土地らしさが出ると考えたのかもしれない。

　こうして、弁財天に由来する弁天町という駅名が誕生した。ところが、肝心の弁財天像は、いつの頃からかなくなってしまい、現在も残念ながら消息不明のままである。

駅名の由来となった芦原橋は、いったいどこにある？

芦原橋
あしはらばし
Ashiharabashi

一般的に駅名は駅周辺の地名や代表的な建物などから名づけることが多い。だから、「芦原橋」駅と聞けば、当然ながら周辺に芦原橋があると思うだろう。ところが、周辺地図には芦原橋という橋は載っていない。そもそも、このあたりには川もなく、橋すら架かっていないのだ。では、なぜ駅名になったのだろうか。

その真相を知るためには、昭和初期までさかのぼる必要がある。当時の地図を見ると、一帯には鼬川《いたちがわ》という川が記されており、そこに芦原橋が架かっていたことがわかる。

鼬川は浪速区内を東西に流れていた川で、木津川二丁目付近で木津川に流入していた。『摂津名所図会』には「天王寺伽藍を建立するとき、このあたりに木材を運んだが、そのとき、イタチが多く出て、海から運送に使う川を掘ったため、その名がついた」というユニークな由来が書かれている。その後は江戸時代を通して鼬川は、田畑の水路として、あるいは排水としても使われる生活に欠かせない川だったらしい。江戸時代の一七〇三（元禄一六）年の大坂の古地図にも鼬川と記されている。

埋め立てにより名前だけが残る

この鼬川には芦原橋が架けられた。難波芦原町（現・浪速区芦原一、二丁目）と木津北島町（現・浪速区西一～四丁目）の間を渡していた。いつ頃架橋されたかは正確な記録として残っていないが、大阪市電三宝《さんぽう》線（芦原橋～三宝車庫間、現在は廃線）もこの橋の上を走っていたことから、開通した一九二五（大正一四）年以前にさかのぼるとみられる。

その後一九四〇（昭和一五）年頃になると、一帯は大雨のたびに水が溜まるようになったため、鼬川の埋め立てが始まった。上流から徐々に埋められ、戦後になると、わずかに残っていた芦原橋から下流側もすべて埋められた。

にもかかわらず、なぜその名が駅名になったかというと、鼬川の埋め立てが終わった直後の一九六六（昭和四一）年、鼬川があった近くに大阪環状線の新駅が誕生した。そこで、川の名残を惜しんでか、川に架かっていた橋の名前が採用されたのである。

鼬川は埋め立てられて跡形もなくなったが、『大阪の橋ものがたり』によると、現在でも芦原橋だけは残っているらしい。それは、南海汐見橋《しおみばし》線の木津川駅と汐見橋駅の間にある。線路が阪神高速に沿う形になる直前、踏切の手前で渡る鉄橋が芦原橋だという。ただし、鼬川は埋め立てられているため、鉄橋の下には何もない。

新今宮にある「新世界」は、何が新しい世界なのか？

新今宮
しんいまみや
Shin-Imamiya

大阪環状線の各駅は、それぞれ発車メロディが決まっている。大阪駅では、大阪を代表する曲である『やっぱ好きやねん』（やしきたかじん）、天王寺駅では四天王寺の鐘にちなみ『あの鐘を鳴らすのはあなた』（和田アキ子）だ。そうしたラインナップのなか、新今宮駅では、近代チェコの後期ロマン派の作曲家・ドヴォルザークの交響曲第九番が流れる。

この曲のサブタイトルは「新世界より」。つまり、新今宮駅の北側に広がる「新世界」にちなんでいるのだ。

飲み屋が立ち並んだ昭和中期の香りが強い場所で、どちらかといえば旧世界的なイメージだが、そこがなぜ新世界と呼ばれるのか。

このネーミングは明治末期、内国勧業博覧会跡地にオープンしたテーマパークが由来。ここに魅力ある街をつくろうと、財界人たちが立ち上げた大阪土地建物株式会社が一大テーマパークを開いた。それは、パリとニューヨークを模した街であった。南半分はニューヨークのコニーアイランドを模しており、核となる遊園地はニューヨークにあるアミュー

新世界ができた当初にあったアミューズメント施設「ルナパーク」。通天閣とホワイトタワーの間にロープウェイがあった。（「大阪新世界（ルナパーク）全景」　提供：大阪市立図書館アーカイブ）

ズメントパークと同じ「ルナパーク」と名づけられた。

北半分は通天閣《つうてんかく》を中心にパリ風の放射状に伸びる街路が設けられた。通天閣はいまのものとは異なり、凱旋門《がいせんもん》の上にパリのエッフェル塔が載ったような、まさにパリを思わせる派手な姿。当時日本一という七五メートルの高さを誇り、天に通じる高い建物という意味で通天閣と名づけられた。

かくして街区全体の通天閣を中心にパリとニューヨークのような町並みがつくりだされ、当時の異国への憧れを体現したかのような世界が広がっていたのである。このため、娯楽園の名前は「新巴里《しんぱり》」「第二千日《だいにせんにち》」などの候補も挙がっていたが、パリとニューヨークを足して二で割ったようなまった新しい町という意味で「新世界」と名づけられた。

時代の最先端をいく新しい町

完成したテーマパークは、「新世界」という言葉にぴったりだった。エッフェル塔を思わせる通天閣は、エレベーターで屋上に上ると大阪湾などを見渡す大パノラマが広がっていた。また、ルナパークにあるホワイトタワーとの間にロープウェイが通っていたため、それに乗れば、パリからニューヨークまで到達する世界旅行の疑似体験ができ、まさに時代の最先端を体験できる場所だったのである。

その後、ルナパークはわずか一四年で売却され、通天閣も一九四三（昭和一八）年に火災で強度不足となったため、軍部に金属が供出されて解体された。しかし戦後の一九五四（昭和二九）年、名古屋のテレビ塔建設に刺激を受けて、地元の有志達が新世界に活気を取り戻すためにも二代目通天閣を建てようと立ち上がり、通天閣観光を設立。メンバーが協力して資金をかき集め、二年後には当時としては日本一高い九一メートルの展望台を持つ二代目通天閣が誕生した。

いまやパリやニューヨークの雰囲気は薄れているが、新しい世界を築こうとした息吹は根づき、大阪の歓楽街、交流の場として活気にあふれている。

「天王寺駅」と「大阪阿部野橋駅」同じ場所なのになぜ違う？

天王寺
てんのうじ
Tennōji

天王寺駅は、大阪環状線をはじめ、近鉄南大阪線、地下鉄御堂筋線・谷町線、阪堺上町線などの各線が行き交う一大ターミナル駅だ。ただ近鉄の駅は、駅の南口を出てあびこ筋を渡ったところにある「大阪阿部野橋《あべのばし》駅」で、天王寺という名称ではない。大阪阿部野橋駅前にある日本一の高さを誇るビルも「あべのハルカス」という名称だ。「天王寺」と「あべの（阿部野、阿倍野）」が混在して、何ともややこしい状況になっている。

同じ駅名にしてくれていれば、利用客にもわかりやすいと思うのだが、なぜ、わざわざ違う駅名にしているのだろうか。

大阪鉄道（初代、現・大阪環状線）天王寺駅が誕生したのは、一八八九（明治二二）年五月のことである。駅名の由来は、駅から七〇〇メートルほど北にある四天王寺で、当時は地名も大阪府東成《ひがしなり》郡天王寺村（現・大阪市天王寺区）だった。

一方、近鉄南大阪線がこの地に乗り入れたのは一九二三（大正一二）年四月。当時は大阪鉄道（初代とは別会社）という私鉄で、道明寺《どうみょうじ》駅から一六・五キロメートルの路線を延ばして乗り入れた。当時は大阪阿部野橋ではなく、大阪天王寺駅という駅名だった。

大阪市電に合わせて「あべの」に改称?

大阪天王寺駅として開業したものの、なぜか一年後の一九二四(大正一三)年六月に「大阪阿部野橋駅」へと改称してしまったのである。その理由について、近鉄の社史などでは何も語られていないが、さまざまな説が考察されている。

鉄道ライターの所澤秀樹氏は著書『駅名の謎』のなかで、関西私鉄は独自性が強く、駅の開設当初こそ鉄道省の国有鉄道の駅名に倣《なら》ったものの、どうしても自己アピールをしたかったために、改称に踏み切ったのではないかと自説を述べている。

また鉄道ジャーナリストの梅原淳氏は、著書『鉄道　駅と路線の謎と不思議』で、大阪市電との関係ではないかと述べている。大阪市は一九一八(大正七)年六月、現在の天王寺駅前交差点付近に市電の「阿倍野橋停留所」を開設している。天王寺停留所としなかった理由は定かではないが、大阪市が梅田駅同様に省線と同じ名称を名乗りたくなかったのではないかと推測している。そして、当時は市内のほぼ全域に路面電車網を構築しており、阿倍野橋停留所から市内の至るところに行けたことから、大阪市電の停留所と同じ名称に変えたほうが得策であると大阪鉄道が判断したのではないかという。また、大阪市電の利

隣接している天王寺駅と大阪阿部野橋駅

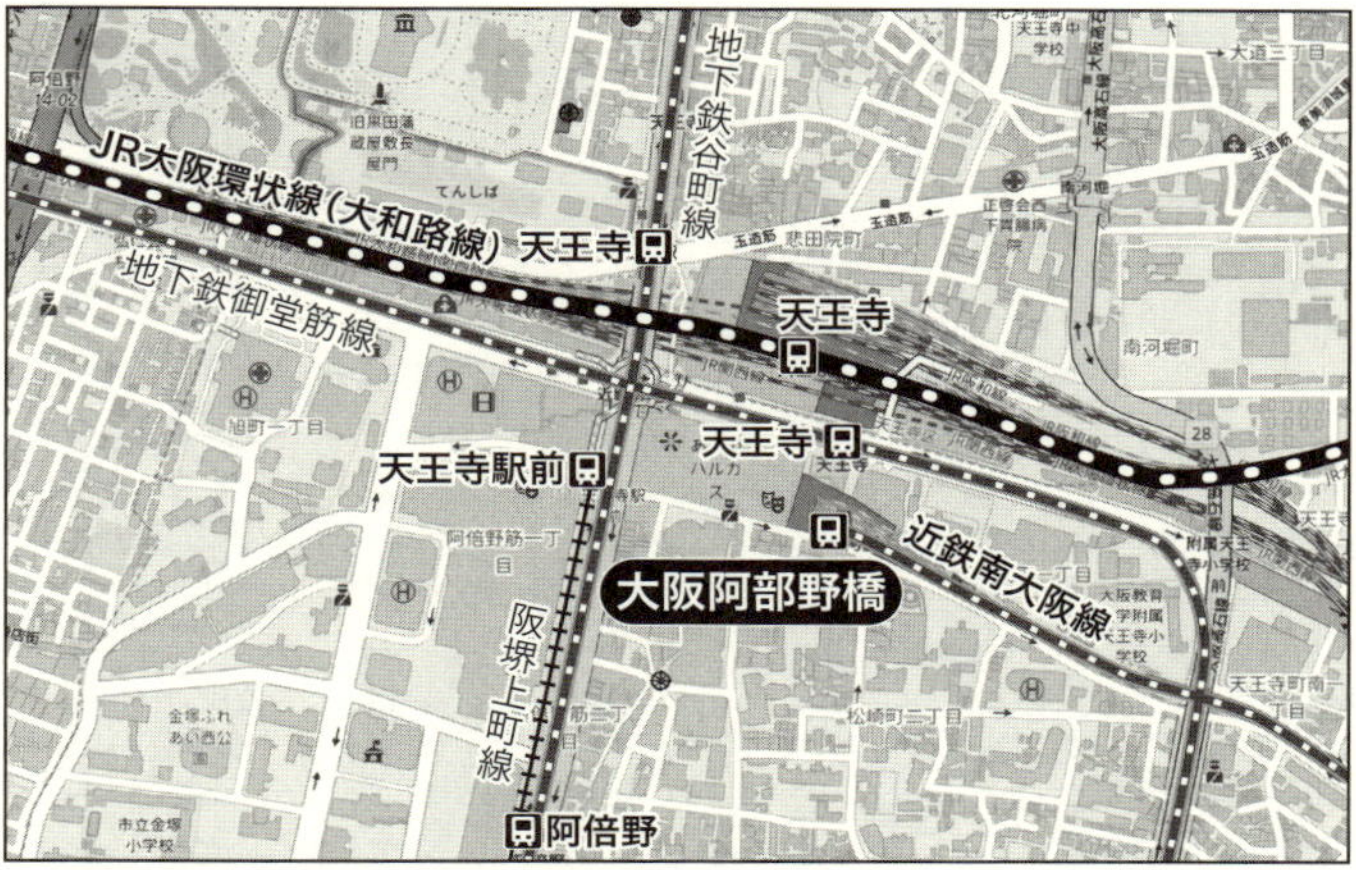

天王寺駅では、周囲にある地下鉄や阪堺線などの駅がすべて「天王寺」であるのに対し、近鉄南大阪線の駅だけが「大阪阿部野橋」を名乗る。（Map Data:©OpenStreetMap）

用客を増やすために、駅名を変更するよう大阪市が大阪鉄道へ要請した可能性があるともしている。

　大阪市と大阪鉄道は、「あべの」の名称を使うようになったが、その後なぜか大阪市だけが駅名改称をした。一九三八（昭和一三）年、あびこ筋に新しく建設された地下鉄御堂筋線の駅名を天王寺駅にしたのである。また一九六八（昭和四三）年に新しく開業した地下鉄谷町線の駅も天王寺駅となった。こちらは御堂筋線との乗換駅であることから同じ名前にしたと推測されるが、御堂筋線を天王寺駅とした理由は不明だ。

　そして近鉄だけが駅名を改称しなかったため、「天王寺」と「あべの」が混在するややこしい状況が生まれてしまったわけだ。

桜ノ宮が名前に劣らず桜の名所となっているのはなぜ？

桜ノ宮
さくらのみや
Sakuranomiya

桜ノ宮駅周辺は、その名の通り、大阪を代表する花見の名所である。駅のすぐそばを流れる大川沿い広がる毛馬桜之宮公園には、両岸に五〇〇〇本もの桜の木が約四キロメートルにわたって立ち並び、河岸の遊歩道はまさに桜のトンネル。花見のシーズンともなれば、桜並木のなかを散歩する人や、シートを広げて宴会を楽しむ人々で大いに賑わう。南側へ下った先の天満橋付近にある造幣局の「桜の通り抜け」も有名だ。

桜ノ宮駅は、大阪市街の梅田や難波といったアクセスもよく、まさに都会のど真ん中。これほどの都心部に花見の名所があるだけでも珍しいのに、桜ノ宮という名前と、実際のロケーションの一致ぶりにも驚かされる。

桜ノ宮という名前は駅名や公園などに使われている名称であって、実際の地名は都島区中《なか》野町《のちょう》なのだ。その中野町の一・四丁目の川沿いが桜ノ宮と呼ばれているに過ぎない。

この桜ノ宮という名前は、川沿いにある櫻宮《さくらのみや》（桜宮神社）に由来するとする説が有力だ。櫻宮は、もともと現在の場所から東方約一キロメートルの場所にあった。旧大和川沿いの東野田郡田村（現・都島区東野田）にあったが、一六一五（元和元）年の旧大和川の洪水で社殿が流され、現在の場所に流れ着いたのである。本来ならもとの場所で再建となるはずだが、また流されることを危惧して、流れ着いた現在地に一七五六（宝暦六）年に再建された。

桜ノ宮駅の横を流れる大川沿いは、春になると桜の名所になる。

このとき、もともと櫻宮があった場所が「桜野《さくらの》」と呼ばれていたことから、その名前にあやかって境内や川岸に桜が植えられたのである。その後、花見の名所となり、近世を通じて大阪の人々の多くに親しまれた。『摂津名所図会』にも「浪花の騒人こゝに来りて幽艶を賞す」とあり、いまと変わらない往時の雰囲気が伝わってくる。

櫻宮が流れ着いたことから、桜が植えられ、桜の名所となった桜ノ宮。一八八五（明治一八）年の大洪水で大半が枯れてしまったことや、戦災によって荒廃した歴史もあるが、公園の整備に伴う植樹によって、その美しい姿を見事にいまに伝えている。

駅も神社の場所もバラバラ いったい「天満」はどこを指す？

天満
てんま
Temma

もし「天満で待ち合わせしましょう」と言われたら、どこに行くのが正解だろうか。大阪環状線の天満駅を指していると考える人もいるかもしれないが、ここで地図を見てほしい。天満駅がある場所は、地域名にするとむしろ天神にあり、駅の約一キロメートル南には、大阪天満宮の最寄り駅であるＪＲ東西線の大阪天満宮駅がある。そのさらに南を見ると、大川の南岸に京阪本線や地下鉄谷町線の天満橋駅があり、天満駅からは約二キロメートルも離れている。

「天満」や「天満橋」と聞けば、「なんば」「大阪難波」「ＪＲ難波」などのように、それぞれの駅が近くにあることをイメージしてしまう。だがここでは三つの駅の場所はバラバラで、どこで待ち合わせたらいいかわからない。「天満」と聞いただけでは、どこを指しているのかわからないのは当然である。

なぜ天満という土地は、こんなにややこしくなってしまったのだろうか。その理由を知るには、天満の歴史を紐解く必要がある。

「天満」地名が散在している天満エリア

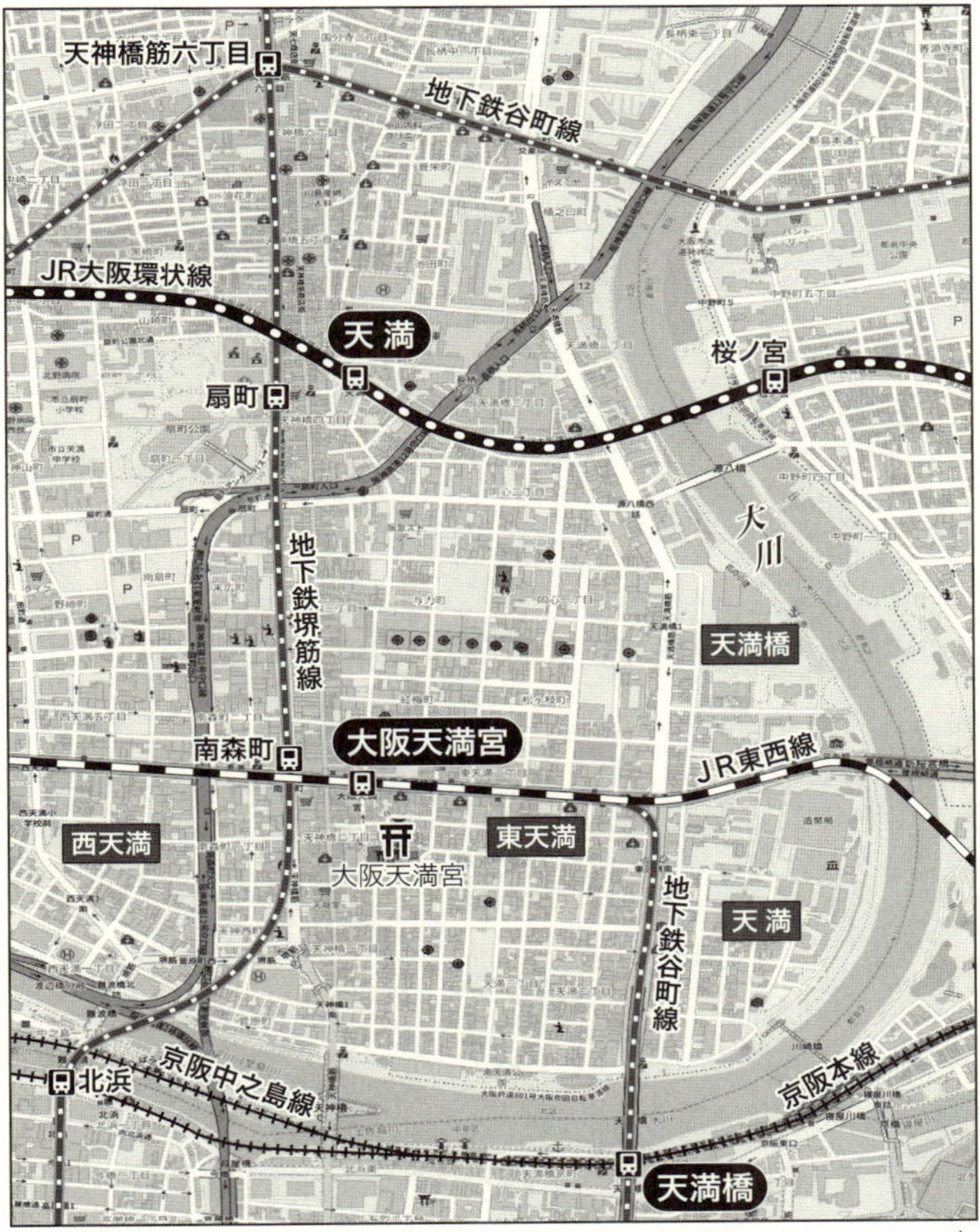

天満駅の南側には、「天満」とつく場所が散在し、どこが天満なのかわからないが、江戸時代はエリア全体を指して天満と呼んでいた。
(Map Data:©OpenStreetMap)

広域地名から「天満」の名が消えた!

「天満」という名称は、大阪天満宮に由来する。九四九（天暦三）年に大阪天満宮が現在地へ鎮座して以来、大阪天満宮の周辺は「天満」や「天満森」などと呼ばれた。

この天満の地を町として開発したのは豊臣秀吉である。一五九八（慶長三）年に天満地区の中央を貫く天満堀川を開削して水運を導き、物資の流通を盛んにした。やがて江戸時代に入ると、一帯は商業地域として拡充される。もともと大坂の町人地は北組・南組の二つに分かれていたが、この地の発展が進んだことで天満組がつくられ、大坂三郷と呼ばれるようになった。一六五二（承応元）年には、難波の三大市場の一つである天満青物市場が大川北岸に開場し、ますます発展した一帯は、大坂の商業の一大拠点「天満」として認識されるようになった。大阪天満の周辺だけでなく、一帯の市街地を指す広域地名として認識されるようになったのである。

天満という名前がややこしくなったのは、一八九五（明治二八）年に大阪鉄道梅田線（現・大阪環状線）が開通したときに、天満駅が天満地区の北の端にできたことが一因である。大阪鉄道が市街地を避け、当時の大阪の北の端を縁取るように路線を敷いたからで、大阪駅が静かな場所につくられたこと（八四ページ参照）と同様、街中に汽車を走らせる

天満橋周辺の風景。橋の南詰の部分の住所も天満橋である。京阪電鉄の駅ビルがあるほか、地下鉄谷町線が通っている。

ことは忌避されたからである。

だが、一九一〇（明治四三）年に開業した京阪の天満橋駅は市街地に置かれた。大川に架かる天満橋に隣接するような形で、天満エリアの南端に誕生した。こうして、天満を代表する二つの駅は、大阪天満宮を中心とする天満地区の北端と南端に位置する形となってしまったのだ。

そして明治の半ばには、一帯は大阪市北区の所属になったことで、天満という広域地名が薄れていた。そのため、天満駅と天満橋駅を含む一帯のまとまりも薄れていき、天満という施設名だけがバラバラに存在することになってしまったのだ。おかげで、どこを指して天満と呼ぶのかわからなくなってしまったのである。

〈参考文献〉

『データで見るJR西日本2018』（西日本旅客鉄道株式会社）／『さいたま市史　鉄道編　鉄道で語るさいたまの歴史』（さいたま市）／『みなと物語』（港区役所）／『大阪市の歴史』大阪市史編纂所編、『大阪まちブランド探訪　まちづくりを遊ぶ・愉しむ』栗本智代、『大阪名所むかし案内　絵解き「摂津名所図会」』本渡章、『地域愛を育てる物語の作り方　「語りベシアター」の魅力』大阪ガスエネルギー・文化研究所編、栗本智代、『大阪の橋ものがたり』伊藤純・橋爪節也ほか（以上、創元社）／『大阪環状線めぐり』読売新聞大阪本社社会部、『史跡名所探訪　大阪を歩く〈大阪市内編〉』森豊、『森琴石と歩く大阪　明治の市内名所案内』熊田司、伊藤純編、『なにわのみやび　野田のふじ』藤三郎（以上、東方出版）／『大阪市電が走った街　今昔』辰巳博、福田静二、『鉄道廃線跡を歩く　3、5、6』宮脇俊三編著、『鉄道未成線を歩く　私鉄編』森口誠之、『関西　鉄道考古学探見』辻良樹（以上、JTB）／『全国鉄道事情大研究　大阪都心部・奈良篇』川島令三、『大阪の電車　青春物語』橋本雅夫（以上、草思社）／『鉄道　駅と路線の謎と不思議』梅原淳、『大阪の地名由来辞典』堀田暁生（以上、東京堂出版）／『角川日本地名大辞典　27大阪府』「角川日本地名大辞典」編纂委員会、竹内理三編（角川書店）／『大阪鉄道大百科』（KADOKAWA）／『大阪府謎解き散歩』橋爪紳也編著（中経出版）／『通勤電車のはなし』佐藤信之（中央公論新社）／『天神祭』米山俊直（中央公論社）／『「水都」大阪物語』橋爪紳也（藤原書店）／『あなたの知らない大阪「駅」の謎』米屋こうじ（洋泉社）／『関西鉄道遺産』小野田滋（講談社）／『駅名の謎』所澤秀樹（山海堂）／『まるまる大阪環状線めぐり』土屋武之、久保田敦（交通新聞社）／『古地図で歩く大阪　ザ・ベスト10』本渡章（140B）／『古地図で歩く大阪　歴史探訪ガイド』ペンハウス（メイツ出版）／『キタ　風土記大阪』宮本又次（ミネルヴァ書房）／『なにわ考古学散歩』財団法人大阪市文化財協会編（学生社）／『貨物列車をゆく　“乗れない乗り物”の秘密にとことん迫る！』（イカロス出版）／『随筆　大阪今昔』山崎豊子、吉田三七雄編（鹿島出版会）／『続　大阪学』大谷晃一（新潮社）／『司馬遼太郎全集　第六十八巻』司馬遼太郎（文藝春秋）／『関

西の鉄道　関東の鉄道　その違いが驚かされる本』博学こだわり倶楽部（河出書房新社）／『大坂城』岡本良一（岩波書店）／『大阪城ふしぎ発見ウォーク』北川央（フォーラム・A）／『大阪「駅名」の謎』谷川彰英（祥伝社）／『大阪の戦争遺跡ガイドブック』戦争体験を記録する会、大阪教育センター編著（清風堂書店）／『大阪モダン　通天閣と新世界』橋爪紳也（NTT出版）／『大阪環状線　その鉄道文化、沿線文化を探る』羽森康純（風詠社）／『大阪今昔　歩く地図帖』井口悦男、生田誠（学研パブリッシング）／『図説　街場の鉄道遺産　京都・大阪編』松本典久（セブン&アイ出版）／『鉄橋物語　日本の歴史的鉄道橋梁を訪ねて』塚本雅和（鉄道ジャーナル社）／『日本の戦争遺跡』戦争遺跡保存全国ネットワーク編著（平凡社）／『鉄道会社はややこしい』所澤秀樹（光文社）／『鉄道ピクトリアル　No.516、520、809』（電気車研究会・鉄道図書刊行会）／『鉄道ファン　２００４年６月号』（交友社）／『土木史研究　第11号』（土木学会）／『日経アーキテクチュア』（日経BP社）／『Civil Engineering Consultant Vol.232』（建設コンサルタンツ協会）／『上町台地　今昔フォーラム　Vol.6』（大阪ガス・エネルギー文化研究所）／朝日新聞／産経新聞／日本経済新聞／毎日新聞／読売新聞／大阪日日新聞／日本海新聞／ハフィントンポスト／東洋経済オンライン

〈ウェブサイト〉

ＪＲ西日本／ＪＲ東日本／国立国会図書館／大阪市／大阪市立図書館／大阪市コミュニティ協会／大阪コミュニティ・ツーリズム推進連絡協議会／大阪商工会議所／大阪ガスエネルギー・文化研究所／土木学会／玉造稲荷神社／The page／Traffic News／建設ニュース／玉造イチバン／南海商事グループ

〈取材協力〉

ＪＲ西日本／大阪市／大阪天満宮

監修者

小林克己　（こばやし　かつみ）

1975年、早稲田大学地理歴史専修卒。海外旅行地理博士。日本旅行記者クラブ個人会員、綜合旅行業務取扱管理者。世界遺産、グルメ、鉄道などをテーマに、取材旅行の延べ日数は海外約６年間、国内約５年間に及ぶ。主な著書として、『ＪＲ乗り放題きっぷの最強攻略術』（交通新聞社）、『50歳からの青春18きっぷ途中下車の旅』（河出書房新社）、『新幹線・特急乗り放題パスで楽しむ５０歳からの鉄道旅行』（大和書房）のほか、海外旅行本を多数執筆。また監修として『名鉄沿線ディープなふしぎ発見』（実業之日本社）がある。

※本書は書き下ろしオリジナルです。

JIPPI Compact

じっぴコンパクト新書　358

JR大阪《おおさか》環状線《かんじょうせん》沿線《えんせん》の不思議《ふしぎ》と謎《なぞ》

2018年11月11日　初版第１刷発行

監修者……………………小林克己

発行者……………………岩野裕一

発行所……………………株式会社実業之日本社

〒107-0062　東京都港区南青山5-4-30

CoSTUME NATIONAL Aoyama Complex 2F

電話（編集）03-6809-0452

（販売）03-6809-0495

http://www.j-n.co.jp/

印刷・製本…………大日本印刷株式会社

ISBN978-4-408-33828-6（第一趣味）